MW01001074

Qué nos sucedió cuando éramos niños y qué hicimos con ello

LAURA GUTMAN

Qué nos sucedió cuando éramos niños y qué hicimos con ello

Un libro para aprender a amar, incluso si no hemos sido lo suficientemente amados

Grijalbo

Primera edición: febrero, 2017

© 2016, Laura Gutman
© 2017, Penguin Random House Grupo Editorial, S. A. U.
Travessera de Gràcia, 47-49. 08021 Barcelona
© 2016, Penguin Random House Grupo Editorial, S. A.
Humberto I 555, Buenos Aires, Argentina
© 2016, Paz Marí, por las ilustraciones

Penguin Random House Grupo Editorial apoya la protección del *copyright*.
El *copyright* estimula la creatividad, defiende la diversidad en el ámbito de las ideas y el conocimiento,
promueve la libre expresión y favorece una cultura viva. Gracias por comprar una edición autorizada
de este libro y por respetar las leyes del *copyright* al no reproducir, escanear ni distribuir ninguna
parte de esta obra por ningún medio sin permiso. Al hacerlo está respaldando a los autores
y permitiendo que PRHGE continúe publicando libros para todos los lectores.
Diríjase a CEDRO (Centro Español de Derechos Reprográficos, http://www.cedro.org)
si necesita fotocopiar o escanear algún fragmento de esta obra.

Printed in Spain – Impreso en España

ISBN: 978-84-253-5471-7
Depósito legal: B-22.648-2016

Compuesto en Anglofort, S. A.

Impreso en Cayfosa
Barcelona

GR 5 4 7 1 7

Penguin
Random House
Grupo Editorial

Dedico este libro a mis hijos,
Micaël, Maïara y Gaia

Índice

Para leer desde el punto de vista del niño que hemos sido

Comparto con los lectores mi evidencia más tangible: las criaturas humanas precisamos, durante toda nuestra infancia y adolescencia, ser amadas por nuestra madre o por alguien que haga su función, a través de sus cuidados amorosos, hasta que estemos en condiciones de valernos por nosotros mismos. Aunque nuestra civilización proponga todo lo contrario. Aunque la mayoría de nuestras madres, a pesar de haber tenido buenas intenciones, no hayan sabido cuidarnos, no hayan podido protegernos, no hayan vibrado al unísono con nuestras percepciones, no hayan sentido nuestros obstáculos ni hayan acompañado el despliegue de nuestro ser esencial. ¿Por qué? Porque a su vez ellas mismas fueron alejadas de su propia interioridad, por medio de un encadenamiento transgeneracional antiguo. Por lo tanto, nos costará mucho esfuerzo convertirnos en personas amorosas.

Por eso mi preocupación reside en encontrar recursos para amar a los niños. Sabiendo que, para hacerlo, antes tendremos que identificar qué nos sucedió cuando nosotros mismos fuimos niños. Si no abordamos nuestra realidad afectiva, nuestros agujeros, nuestras necesidades no satisfechas y nuestros miedos, no podremos dar prioridad a las necesidades genuinas de los demás.

Parece una propuesta sencilla, pero no lo es. Porque todos los adultos somos, en mayor o menor medida, niños lastimados. Y si no lo reconocemos, reaccionamos automáticamente quemados por el dolor. ¿Tenemos la culpa? No. ¿Somos responsables? Sí.

He aquí la diferencia entre ser adultos y ser niños. Los niños no son responsables de sus reacciones porque dependen del cuidado de los mayores. En cambio, los adultos (incluso si provenimos de historias difíciles) ya somos autónomos, o sea que podemos elegir. Por lo tanto, sí somos responsables de nuestras acciones. Sin embargo, no sirve empezar por «Cómo ser una mejor madre». Primero tenemos que averiguar qué nos pasó en la infancia.

Aunque maestros de todas las regiones del mundo a lo largo de la historia de la humanidad nos han ofrecido diferentes hojas de ruta persiguiendo este mismo objetivo, yo he inventado una. La he llamado «Biografía humana» y está ampliamente descrita en los libros *La biografía humana*, *El poder del discurso materno* y *Amor o dominación, los estragos del patriarcado*. Pero a medida que he ido trabajando, me he ido encontrando con algunas personas con quienes, durante muchos años, no lográbamos terminar de encajar las piezas. Discutíamos en equipo, cambiábamos las hipótesis, hasta que poco a poco empecé a verlo claro en mi interior: estaba frente a la evidencia de cómo se iba organizando la locura en la psique de un joven harto de luchar para ser amado, agotado de tanta desesperación para ser aceptado por su madre y finalmente decidido a dejar de sufrir. Poco a poco fui reconociendo un recurso más habitual de lo que yo suponía: inventar, fantasear, cambiar, acomodar la realidad al confort de cada individuo se convertía en una maniobra inteligente y eficaz.

Acabé considerando que la locura se mide por la distancia que establecemos entre lo que hay, lo que es evidente y palpable, y las ideas que se nos ocurran, por más raras, extravagantes y sin sentido que sean; porque, tal como explicaré detalladamente en los siguientes capítulos, hemos tenido que desconectar todo arraigo con la realidad en la medida en que fue extremadamente dolorosa cuando éramos pequeños y no contábamos con recursos para hacer otra cosa al respecto.

Sincrónicamente, fui detectando las locuras colectivas al leer los periódicos, ver la televisión, escuchar conversaciones entre amigos o simplemente al leer los informes de las personas a quienes atendemos en nuestra institución. Fui constatando que la tergiversación de la realidad, tanto en las vidas individuales como en la colectiva, está mucho más presente de lo que creemos. Y aunque es un tema árido e ingrato, decidí ordenar y escribir todo lo que he comprendido hasta la fecha.

Para desmarcarme una vez más de las propuestas psicológicas y psiquiátricas, aclaro que no me interesan los diagnósticos convencionales. Lo explicaré en los próximos capítulos.

Pero ¿por qué inmiscuirse en algo tan complicado? A medida que pasaban los años e iba adquiriendo experiencia... fui detectando cómo se va organizando el desequilibrio emocional en un individuo que nació psíquicamente sano. Y a medida que el mecanismo usual de volverse loco se fue haciendo más evidente para mí, empecé a registrar que la locura, en diferentes grados y bajo diferentes diagnósticos, es una consecuencia mucho más común y corriente de lo que creemos. Entonces sentí que no tenía alternativas: mi deber era compartir con la humanidad todo lo que sabía. Más aún si quería cambiar algo en el futuro.

Claro que estoy tomando riesgos. De todas formas, los vengo asumiendo desde hace años al resistirme al confort de las ideas convencionales. No me adhiero a ninguna teoría si no siento que encaja en las zonas más profundas de mi interior y, sobre todo, si no coincide milimétricamente con la realidad. Hablar sobre la locura y revisar las responsabilidades individuales que tenemos (sobre todo por transferir hacia nuestros hijos los mandatos y las ideas adquiridas en el pasado sin que medie reflexión alguna) es aventurado, lo sé. Pero es más fuerte que yo. No hago este trabajo para que me quieran. Lo hago porque es el propósito de mi vida: quiero transmitir algo que sé y que además sé que es verdadero: los niños nacemos buenos, amorosos, perfectos y listos para amar. Los adultos precisamos estar al servicio de los niños y no al revés. No hay motivos para intentar rectificar a los niños, tampoco es necesario educarlos, sino todo lo contrario: necesitamos ser guiados por ellos. Sin embargo, en general suponemos lo contrario. La vida cotidiana está organizada de tal modo que los niños se tienen que adaptar a las necesidades de los adultos, en lugar de que los adultos tomemos decisiones según las necesidades de los niños. Ahí está el nudo invisible y depredador de nuestra civilización. El patriarcado precisa niños hambrientos y furiosos para luego convertirlos en guerreros sangrientos y voraces. En cambio, si quisiéramos hacer algo diferente, amaríamos a los niños para generar una civilización solidaria y ecológica.

¿Cómo fue el proceso? ¿Cómo pasé de estar al servicio de los puerperios dolorosos de las mujeres a algo tan desorganizado y difícil de aprehender como son los casos de locura?

He descrito en libros anteriores que cuento con un buen equipo de profesionales formados para utilizar la metodología de la **Biografía Humana (BH)**. Todavía no he encontrado un buen nombre para denominarlos. A veces los llamo amistosamente **«behacheadores»** porque son los usuarios de nuestra querida amiga, la **biografía humana**, a la que llamamos cariñosamente «la BH» (la behache). No sé qué nombre terminará imponiéndose. En verdad, mi equipo de behacheadores abre las puertas a todo aquel que haya leído alguno de mis libros y quiera probar con este tipo de indagación personal. Así venimos trabajando desde hace años con personas de todas partes del mundo (pues hoy en día la mayoría de las consultas las realizamos a través de Skype). En general, nos encontramos con infancias atravesadas por violencias de todos los colores.

Sé que mis lectores prefieren que responda sobre los problemas cotidianos de nuestros hijos: las peleas por las mañanas porque no quieren ir a la escuela, los broncoespasmos, los trastornos de conducta, los ataques de pánico, la adicción a los dulces, las noches de llanto o lo que sea que nos preocupa con urgencia hoy. Sin embargo, no solo ya he escrito sobre todo ese abanico de temas, sino que cada vez estoy más segura de que lo único urgente es comprender cabalmente de dónde venimos. Ese es el primer gran paso.

Con frecuencia queremos saltárnoslo, pero luego no obtenemos los resultados esperados.

¿Por qué me obstino en denunciar que nuestras infancias fueron mucho más horribles de lo que recordamos? Porque el mundo anda muy mal. En efecto, tanto a nivel colectivo (guerras, inmigraciones masivas, cárceles repletas) como a nivel individual (asesinatos, violencia de género, enfermedades, bullying, robos, maltratos interfamiliares) se encuentra la evidencia. Por mi parte estoy segura de que podemos transformar el mundo si cambiamos individualmente y, sobre todo, si recuperamos nuestra capacidad de amar. Ahora bien, para recuperar nuestros mejores dones, antes tendríamos que comprender cabalmente qué nos pasó y qué hacemos hoy automáticamente con ello. El nivel de desarraigo de la realidad, la tergiversación y las diferentes formas de locura son un mecanismo más de supervivencia que es necesario comprender.

Tal vez lo descrito en estas páginas nos resulte árido. Intentaré desplegar toda mi compasión y mi amor al servicio de la humanidad. Hay muchas maneras de sobrevivir al desamparo. He llegado a la conclusión de que la locura, en cualquiera de sus formas, es un mecanismo inteligente de la conciencia. Por eso es una pena que condenemos masivamente a todos los individuos que sufren hasta el punto de tener que tergiversar la realidad para poder tolerarla, encerrándolos, idiotizándolos de por vida con medicación psiquiátrica o sometiéndolos a diagnósticos discutibles. Trataré de demostrar que deberíamos regresar al origen del mal, en lugar de condenar a las víctimas del horror. Este es mi nuevo aporte a la conciencia de la humanidad y espero que pueda ser leído y comprendido con grandeza de espíritu y con renovadas intenciones para hacer el bien.

Cada uno de nosotros puede conocerse más y tal vez en el futuro pueda producir cambios hacia algo mejor. Llevado a un nivel colectivo sucede lo mismo: que la realidad social sea reflejo de aquello que sin darnos cuenta construimos cada segundo de nuestra vida es una buena noticia. Significa que cambiar para mejor depende de cada uno de nosotros.

También quiero compartir con mis lectores que enseñar esta forma de abordar la construcción de la biografía humana es muy, muy difícil. La enseño desde 1996 en mi escuela. No es infalible ni es el mejor sistema de indagación que existe en el mundo, pero intentamos trabajar juntos con la mayor honestidad posible, poniendo todos los elementos sobre la mesa e invitando a la gente a recorrer su realidad emocional, así como el dolor que tenga guardado.

El método no es el fin, sino un medio posible para llegar al objetivo: que reconozcamos la falta de amor que hemos padecido, qué hemos hecho para sobrevivir a esas circunstancias y cómo esos mecanismos que alguna vez nos fueron de utilidad a veces se convierten en nocivos para quienes más queremos. El máximo objetivo es que aprendamos a amar incluso si no hemos sido suficientemente amados. Si no tomamos esa decisión, la decisión de amar, por lo menos seremos conscientes de que hemos elegido otra cosa, usando nuestro libre albedrío y siendo responsables de nuestros actos una vez que los hemos hecho conscientes.

Más allá de la técnica, la formación permanente, mis supervisiones, mis intuiciones y mi interés comprometido por cada individuo que se acerca a nuestra institución... también hay algo que tiene que acontecer durante las sesiones: una corriente amorosa, humilde, generosa y altruista entre el profesional que acompaña y el individuo que busca conocerse más. El profesional tiene que poner toda su capacidad intuitiva, su amor y su disponibilidad afectiva al servicio, incluso invocando a sus propios dioses para que lo asistan, ya que estas son circunstancias de enorme compromiso emocional. Realmente nos involucramos afectiva e intelectualmente, entendiendo que así tendremos más oportunidades para dar en la tecla justa en esta investigación que emprendemos juntos. El interés por descubrir de qué estamos hechos cada uno de nosotros y recuperar esos trozos que se nos han perdido por tanto luchar en el infierno de la supervivencia nos mantiene esperanzados y activos.

Cuento con un equipo de profesionales entrenados en mi escuela. Todos ellos atienden a hombres y mujeres adultos, bajo este sistema. Aunque la vida de los individuos es diferente en cada caso, solemos encontrar obstáculos parecidos al abordarlas. Una traba frecuente cuando trabajamos con el sistema de la **biografía humana** es la cantidad de interpretaciones que tenemos sobre nosotros mismos y sobre los demás. Le dedicamos bastante energía a desarmar los supuestos y las opiniones, ya que nosotros solo buscamos la **realidad real**. No lo que las personas creemos, ni lo que pensamos o valoramos, sino lo que nos aconteció desde que éramos niños, incluso si no lo recordamos.

Todos estamos muy aferrados a las opiniones. De hecho, cuando se presenta alguna oportunidad, en alguna conferencia que he impartido, me preguntan qué pienso yo de los niños de alta exigencia o del rol del padre o de las ventajas o desventajas de ser madre soltera. Sin embargo... ¿por qué le preguntamos a alguien que no nos conoce su opinión sobre un tema que es crucial en nuestra vida como por ejemplo el hecho de criar sola a un niño? ¿A quién deberíamos preguntárselo? ¡A nuestro hijo, claro! Pero no se nos ocurre. Y si por casualidad se lo preguntamos, no nos gusta su respuesta. Por eso vamos a una conferencia a preguntárselo a una señora que supuestamente sabe sobre ese tema.

Es insólito. Estamos tan alejados de nosotros mismos, que preferimos contrastar con desconocidos aquello que el niño reclama.

Por eso no importa la opinión valiosa sobre un tema cualquiera. Con urgencia precisamos apoyar a cada individuo, en este caso a cada madre, para reconocer quién es. Luego sabrá escucharse y podrá abrirse para admitir a su propio hijo. Y con suerte podrá satisfacerlo. Fin de la historia.

Suelo relatar que mi investigación comenzó atendiendo madres en los años ochenta. Luego me fui dando cuenta de que las claves estaban en la infancia que habíamos tenido y en lo que luego habíamos hecho, inconscientemente, con eso que nos había sucedido. Infancia tuvimos todos: hombres y mujeres. Por eso después terminé atendiendo a cualquiera que quisiera indagar en su biografía humana. Con el paso de los años, las madres en sí mismas dejaron de ser objeto de investigación para mí y mi equipo de profesionales. Definitivamente, dejaron de ser asistidas aquellas que se aferraban a la idea de recibir buenos consejos con respecto a la crianza de sus hijos. Aunque en el inconsciente colectivo esa idea perdure, por más que me esfuerce en explicar que aquí investigamos los rincones oscuros del alma. Los niños no son nuestro objetivo inmediato. A lo sumo será el de quienes los estén criando.

Cuando nos metemos en las sombras de cada individuo, nos encontramos con una inmensidad inabarcable. Sin embargo, hay que empezar por algún lugar, por más que sea un recorte ficticio. Yo propongo evocar la infancia aunque el mayor obstáculo es que aquello que el individuo relata va a estar constituido por una sobredosis de **discursos engañados**, como he descrito detalladamente en los libros *El poder del discurso materno* y en *Amor o dominación, los estragos del patriarcado*. Nuestros recuerdos, experiencias e interpretaciones se han establecido sobre la base de lo que alguien muy importante **nos ha dicho**. Ese **alguien** en la mayoría de los casos ha sido nuestra **madre**. ¿Por qué apuntamos a nuestra madre? Porque fue la persona más importante con quien nos vinculamos durante la niñez, si es que ella nos crio. Incluso si la recordamos cruel, sin recursos o como una víctima; hemos organizado nuestro sistema de creencias desde su punto de vista. No tenemos conciencia del grado de **coincidencia emocional** que establecemos con nuestras madres o con la persona que nos ha criado. Los behacheadores (profesionales formados para acompañar behaches o biografías humanas) tenemos que detectar y desactivar esa **lealtad emocional**. ¿Por qué haríamos algo así? Porque estamos tratando de encontrar al **niño real** que ese individuo fue. Sin opiniones a favor ni en contra de nada.

Esto suele ser revelador para los pacientes. En ocasiones les resulta inaceptable. Estamos marcando una diferencia entre el **discurso materno** (todo aquello que nuestra madre nombró, pensó, valoró o temió) y la realidad tal como la hemos vivido. Si nosotros organizamos los recuerdos según el prisma de nuestra madre, nuestro punto de vista estará teñido. Quiero recalcar que ningún niño puede construir una mirada fuera del prisma materno, o de la persona que lo ha criado.

La dificultad es que no contamos con **el punto de vista del niño que hemos sido**. Eso es lo que el behacheador va a imaginar.

¿Cómo lo logra? Resulta que es factible aprender a organizar **biografías humanas**, pero también se requiere olfato, intuición y una pizca de magia. Además de interés, amor, servicio y generosidad. E incluso una mente ágil y perspicaz. Recordemos que ansiamos encontrar algo que nadie ha visto. Por lo tanto, no podemos adormecernos en teorías desgastadas ni repetir lo que hemos aprendido en casos anteriores, ya que cada **biografía humana** es un nuevo desafío y, como tal, será única. Un artista no podrá pintar dos lienzos iguales. Un detective no se encontrará con dos crímenes idénticos. En la investigación de las **biografías humanas** sucede lo mismo.

¿Cómo abordaremos esos recuerdos infantiles del paciente que, paradójicamente, no recuerda? Ese es el reto. Por eso afirmo que este trabajo se asemeja a las investigaciones de los **detectives**, más que a los tratamientos psicológicos. Tenemos que buscar y encontrar algo que no es nada evidente para el individuo. Eso es como buscar una **sombra**. Entonces, en primer lugar buscaremos de quién es el discurso. Nos sorprendemos mucho al constatar que, ya que no nos pertenece, podemos cuestionar «eso» que siempre hemos creído a rajatabla. Resulta que nuestras creencias no son propias, sino que son ideas organizadas dentro del **pacto de lealtad hacia nuestra madre**.

Sin embargo, nuestro propósito es hallar un tesoro escondido, que es el **niño que nuestro paciente ha sido**. Y cuando lo encontremos, constataremos que la **dimensión del desamparo** vivido es enorme. ¿Exagero? Me encantaría que todo esto fuera fruto de mi imaginación. Pero no, la realidad se impone. En efecto, es difícil encontrar a un niño a quien le hayan cubierto las necesidades básicas de amor. Nuestra civilización nos entrena para la lucha y la conquista, no para la solidaridad ni la empatía. Por eso casi todos los niños somos supervivientes del terror infantil.

En mis libros anteriores describí un abanico de mecanismos de supervivencia a los que he denominado «personajes». La **elección inconsciente de un personaje**, fruto de la infancia y la adolescencia que hemos experimentado, constituye el **terreno básico** sobre el cual va a transcurrir el resto de nuestra vida. Por eso es tan importante comprender con lucidez e inteligencia el rompecabezas sobre el que se va a apoyar toda la estructura futura. No es posible construir un bello edificio si el esqueleto de hierro no es consistente, aunque nadie vea esa estructura porque está alojada en el interior de los muros. Cuando un edificio está mal construido y se rajan los paneles, se rompen los techos o se quiebran los caños, no hay más remedio que abrir, dolorosamente, las paredes. Hay que golpear, derrumbar, cortar y revisar el interior. Si pretendemos reparar solo superficialmente, en poco tiempo las grietas volverán a aparecer. En cambio, cuando las construcciones son sólidas podemos renovar, cambiar o restaurar sin peligros. No importa cuántas paredes modifiquemos, simplemente tenemos libertad de acción porque contamos con una estructura sólida.

Con las **biografías humanas** pasa lo mismo: una vez que hemos dispuesto un orden lógico y verdadero en el trazado de cada escenario, es posible vislumbrar las opciones que ha tenido el individuo. Por supuesto que continuaremos investigando y abordando sobre todo aquello que le haya acontecido, cronológicamente. Pero en general no es necesario entrar en detalles. En palabras de detective: «Si hemos encontrado al asesino, tenemos pruebas del crimen y el caso está resuelto, algunos detalles simplemente confirmarán los acontecimientos pero no cambiarán sustancialmente la investigación».

Cuando aprendemos a observar con ojos bien abiertos **la totalidad de una trama** (que, insisto, incluye como mínimo toda la vida de un individuo y si fuera posible también la lógica de unas cuantas ramas del árbol genealógico) podremos comprender la actualidad, que es lo que habitualmente le interesa al paciente. Pero la actualidad no es más que un *continuum* razonable de todo lo que ya hemos comprendido. Dicho con una metáfora: si hemos determinado que el agua del tanque es amarilla, nunca encontraremos al final del camino que el agua es violeta. A lo sumo se teñirá de un amarillo más brillante. Cuando nos acostumbramos a mirar totalidades (tanques de agua completos) resulta fácil, evidente, claro y obvio.

¿Por qué nunca antes lo habíamos visto así? Porque estábamos dentro del campo. En cambio, ahora hemos sido invitados a observar desde fuera del campo, objetivamente.

Pero acompañar a las personas de carne y hueso a revisar los estragos de nuestra infancia y a comprender los personajes que hemos organizado para sobrevivir a esos niveles de desamor es muy ingrato. ¿Por qué? Porque la infancia y la realidad actual de la mayoría de las personas son dificilísimas. Todos nos refugiamos en los roles que nos han dado seguridad en el pasado, por lo tanto no estamos dispuestos a abandonarlos.

¿Cuál es el problema? Los behacheadores sabemos que los niños están pagando los platos rotos. Niños abandonados. Niños que se hacen cargo de sus padres. Niños que están cansados de enfermar para obtener cuidados. Niños que presentan síntomas de todo tipo. Comprendemos que los niños están atrapados y que dependen de que sus padres hagan, o no, movimientos a favor de ellos. Pero resulta que esos adultos miraron su propia realidad y decidieron seguir tal como estaban. ¿Qué podemos hacer los behacheadores? Poco y nada. A lo sumo observar una y otra vez el mapa completo con el adulto en cuestión, el tanque de agua completo, mostrar con claridad y vehemencia el lugar de desamparo en el que quedan los niños, augurar un futuro injusto para ellos y ofrecer nuestra disponibilidad para cuando ese individuo tenga ganas de revisar nuevamente toda su trama. Estoy diciendo que, si no somos nosotros quienes sufrimos, difícilmente cambiemos. Incluso cuando se trata de nuestros propios hijos.

La buena noticia es que todos contamos con un nuevo punto de partida una y otra vez: la maternidad y la paternidad son, en mi opinión, las **funciones altruistas** por definición. Todo es a favor del niño. Nada es a favor de los padres.

En una relación saludable, los padres ofrecerán al niño **todo a cambio de nada**. Sin embargo, todos sabemos que, durante los períodos de crianza de bebés y niños muy pequeños, la dificultad que tenemos los adultos para desplegar nuestro altruismo es enorme. Las madres nos quejamos de que no tenemos tiempo para nosotras mismas. Los varones nos quejamos de que no recibimos suficientes cuidados de nuestra mujer. Y ambos acordamos que el niño pide demasiado y que debería conformarse con menos. Por lo tanto, haremos lo necesario para que el niño comprenda que tendrá que frustrarse, atenerse a los límites que le impondremos y aceptar que el mundo es un lugar hostil y que a lo sumo se sentirá mejor cuando crezca.

Las funciones de maternidad y paternidad dejan al descubierto nuestras discapacidades. Si no tenemos hijos pequeños, podemos esconder nuestra falta de altruismo ya que no hay otras edades tan exigentes en términos afectivos. Pero ante la presencia de los hijos, las cosas no se solucionan con buena voluntad. Todas las madres y los padres aseguramos que queremos darles a nuestros hijos lo mejor. Pero frente a la demanda real y concreta del niño, sencillamente no podemos. ¿Por qué? Porque estamos aún hambrientos de cariño, amparo y protección, cosa que **no hemos recibido cuando nosotros fuimos niños**. Por eso, insisto, las **biografías humanas** atienden, en primer lugar, al adulto lastimado que aún reclama la atención del niño que ha sido.

Cuando no hay niños pequeños en el escenario, tendremos otros indicadores: enfermedades, conflictos, pérdidas, depresiones o guerras afectivas. Esos síntomas también son expresiones de una verdad. En todos los casos, la tarea del behacheador que acompaña el proceso de construcción de la **biografía humana** ordena, dispone las piezas que faltan, sintetiza con una imagen, acompaña durante un lapso de tiempo hasta que el individuo pueda cotejar con hechos concretos aquello que está mirando con nuevos ojos sobre su propia trama. Eso es todo. Luego, cuando el individuo pide ayuda o sostén para hacer movimientos, por supuesto podemos acompañar. Pero nuestra tarea no es forzar el cambio. Ni siquiera desear el cambio. El deseo o la decisión de cambiar o modificar las cosas en ese escenario serán patrimonio del paciente, o no serán.

No pretendo abrumar a mis lectores. Solo reitero que toda la metodología de este trabajo está ampliamente descrita en el libro *La biografía humana*. Y que, a falta de referentes dentro de la civilización patriarcal, yo utilizo el que creo es el más fiable de todos: **las criaturas humanas tal como llegamos al mundo**. Por ahora siguen naciendo miles de bebés al día, por lo tanto renovamos nuestras oportunidades para **volver al centro del amor** una y otra vez. Los bebés son y seguirán siendo mis mejores guías para registrar la distancia que hay entre los seres humanos tal como hemos sido diseñados y lo que nos pasa una vez que hemos nacido.

Debo a mis lectores una aclaración más. Todos mis textos están escritos en primera persona del plural: nosotros. Nosotros los hombres, nosotras las mujeres, nosotros los niños, nosotros los temerosos, nosotros los enamorados, nosotros los violentos, nosotros los esperanzados, nosotros los furiosos. ¿Es un recurso literario? No, es una manera de entender la inteligencia vincular de la que formamos parte como seres vivos. Nos pertenece incluso aquello que no nos gusta o no nos conviene. Si nos pertenece, si forma parte de nosotros, somos capaces de comprenderlo. Y una vez que lo comprendemos, no necesitamos juzgarlo. ¿Para qué sirve comprender? Para acceder a una realidad más ampliada y poder, si lo decidimos, modificar nuestra propia realidad. La nuestra, no la del prójimo.

A través de mis escritos, intento compartir con los lectores las investigaciones, las dificultades y las desesperanzas a la hora de acompañar a cada individuo al límite de su propia oscuridad. A mí me duele el alma constantemente. Siento la desesperación de cada persona como si yo viviera en su interior. A veces experimento un nivel de dolor tan insoportable que entiendo la locura que se instala, la fantasía, los autoengaños y hasta las reacciones en apariencia exageradas. Justamente quiero acercar ese entendimiento a todos, de tal modo que, en sintonía con nosotros mismos, tomemos decisiones beneficiosas para el prójimo. De eso trata este libro.

La vida es corta. Todo el amor que podamos derramar alguna vez, cuando dejemos de protegernos a nosotros mismos, no será para nuestro propio bienestar, sino para el prójimo. Entonces nuestra vida habrá valido la pena.

La fuerza del discurso engañado

Entre todas las percepciones con las que convivo, suelo registrar con precisión las interpretaciones distorsionadas que tenemos la mayoría de las personas con respecto a la realidad. Esto acontece tanto **en la vida privada como en la vida pública.** Quizá resulte más fácil darnos cuenta si observamos la actualidad social o incluso la historia de cualquier país: colectividades enteras solemos adentrarnos en **relatos engañados** establecidos por dirigentes políticos o grupos de poder, ya sea a través del periodismo, las campañas políticas o las militancias en el área que sea. Aferrarnos a cualquier **relato colectivo** y buscar allí un orden y un lugar de identidad es común. ¿Por qué? Porque desde nuestra temprana infancia hemos sido desterrados del único ámbito en el que necesitábamos permanecer para desplegar nuestro eje espiritual: **el territorio del amor materno.** Entonces más tarde buscamos algo que no hemos tenido: un nido acogedor.

Compensando la falta de amor materno

Cuando nacemos aún no somos seres sociales, sino **seres fusionales**. «Somos» en la medida en que estamos **en comunión física y espiritual con nuestra madre**, fuente de alimento, protección, placer y seguridad. Si eso hipotéticamente sucediera, más tarde, en la vida adulta, en eje con nuestro propio ser, único e intransferible, seríamos capaces de generar territorios propios y visitar territorios ajenos en el marco de relaciones recíprocas y abundantes. Pero esto no sucede. ¿Por qué no sucede? Porque aún estamos ávidos de pertenencia.

Así es como se genera un error existencial. Nos alinearemos a cualquier corriente de pensamiento, sistema moral, ideología política o sistema religioso que nos aporte eso: un lugar de identidad en la medida en que tenga fronteras resistentes. Buscar un lugar de referencia no está mal, el problema es que lo buscamos **distanciados de nuestro ser esencial**, es decir, sin la guía de nuestra brújula interna. Por lo tanto, sospechando interiormente que esos ámbitos son prestados o que solo seremos aceptados bajo ciertas condiciones, haremos lo que sea con tal de no perderlos. Así organizamos defensas acaloradas en el seno de discusiones ideológicas, políticas o religiosas, siempre con la esperanza de ser parte de un ámbito cerrado, es decir, reservado para pocos.

Entiendo que la diferencia entre las **elecciones conscientes** de ciertas ideologías o sistemas morales y la necesidad imperiosa, e infantil, de apropiarnos de un **lugar de pertenencia** que nos ofrezca un refugio seguro es sutil. ¿Cuál es el problema de cobijarnos en lugares fiables? Ninguno, salvo que no somos libres y le otorgamos prioridad a la necesidad de ser reconocidos y aceptados. Para eso habrá que pagar precios y el más frecuente suele ser **la lealtad**.

Todo esto no tendría mayor trascendencia si no fuéramos un ejército de individuos dispuestos a lo que sea con tal de **pertenecer** a algún sitio calentito que nos ofrezca amparo. Estas oleadas en busca de protección son imperceptibles, pero no por ello menos reales. Y acontecen con la fuerza de los movimientos colectivos.

Observemos que la **alineación automática** con la mayoría de los líderes políticos depende más del carisma personal de ese individuo que de una convicción interior de cada ciudadano. Eso se llama **manipulación**. Y opera como consecuencia de nuestra necesidad de ser aceptados en algún ámbito bajo cualquier estructura que nos dé seguridad. Finalmente, no es más que trasladar, bajo la forma de supuestos pensamientos autónomos, la obtención de un reconocimiento y una **pertenencia** que no fueron recibidos en **formato de amor materno** cuando éramos niños.

No hay otra explicación cuando observamos, en cualquier país o comunidad del mundo, el entusiasmo con el que defendemos a nuestros gobernantes (o a la oposición, es igual). En esta área tenemos grandes carencias, ya que los líderes no abundan. Un verdadero líder es aquel que **apoya y acompaña a cada individuo de su comunidad para que contacte con su verdadero ser y, desde esa unión sagrada con su yo, sea capaz de ofrecer sus mejores virtudes al prójimo**. Es verdad que era más fácil conseguir líderes en comunidades pequeñas, en tribus y aldeas dentro de una dimensión más humana. En formatos a gran escala, líderes han sido Nelson Mandela o Mahatma Gandhi. Maestros espirituales que asumieron, además, la conducción de su comunidad. En el mundo actual no hay muchos más. Tal vez Lula da Silva o Barack Obama, pero cada uno con sus pequeñeces e implicados en probables entramados de corrupción.

Hoy la mayoría de los líderes de los países modernos no son maestros espirituales, sino individuos tan desesperados como nosotros, que utilizan la posición de poder para acumular protección, resguardo económico, seguridad y confort material. O sea, para **compensar la falta de amor materno**. Como todos nosotros. Es que, para poder mantenerse en los ámbitos de decisión por encima de las cabezas de la mayoría de sus conciudadanos, tienen que utilizar las mentiras y las amenazas tocándonos la fibra más infantil e inconsciente de cada uno de nosotros. Por eso funciona el sistema.

No es exagerado lo que escribo. Observemos los eslóganes durante las campañas electorales de los diversos candidatos de cualquier ideología política. Es tan obvio... Las promesas, todos lo sabemos, serán imposibles de cumplir; sin embargo, nos alientan a que los apoyemos, en caso contrario las peores calamidades caerán sobre nosotros. Utilizan los mismos discursos disuasorios con los que los adultos nos dirigimos a los niños: «Si no te portas bien, vendrá una bruja mala y te castigará». Será mejor que nos portemos bien. ¿Qué es portarse bien? Es ser **leal** a las necesidades del adulto o del falso líder.

Las comunidades se organizan igual que las familias disfuncionales: los adultos somos, aunque no lo sepamos, niños eternamente necesitados que, en lugar de cuidar y alimentar a nuestras criaturas, obligamos a los verdaderos niños, más desprovistos de recursos, a satisfacernos. A cambio les contaremos cuentos para que se adormezcan en una suave pero falsa realidad. ¿Qué podíamos hacer cuando éramos niños frente a las demandas de nuestra madre? Nada, salvo ser leales a ella, responder a sus expectativas e ignorar nuestros propios recursos. ¿Qué hacemos los ciudadanos una vez que hemos crecido? Lo mismo. Decidimos endulzar nuestros oídos con **discursos ficticios** con tal de sentirnos acunados.

Mientras somos niños y estamos desamparados, preferimos guarecernos en la fantasía de los cuentos para encontrar alivio. Cuando llegamos a adultos, buscamos un confort similar. Cualquier idea dicha por alguien con vehemencia toca nuestra alma infantil reconociendo que, cuanto más obedezcamos, más aseguraremos nuestro bienestar.

De esta reacción automática surgen varias consecuencias: la más nociva a nivel colectivo es que los adultos no logramos alcanzar nuestra libertad interior. Porque jamás la hemos ejercido, intentando hacer lo correcto para que nuestra madre no se enoje y no nos expulse de su territorio emocional, cosa que de todas maneras acontecerá, obedezcamos o no. Los adultos nos hacemos la ilusión de que nuestros pensamientos son autónomos, cuando en verdad estamos sometidos al miedo y la incertidumbre, nos aferramos a sistemas ideológicos o morales con tal de sentirnos protegidos por una pertenencia. Mientras más aterrados estemos, en términos emocionales, más fácil será que respondamos de forma innata a las necesidades infantiles ajenas. Léase: de los individuos o las corporaciones con poder. Una vez más, eso se llama **manipulación**.

En este sentido, casi todo lo que se nos informa a nivel político **es mentira**. De hecho, los bienes que son de todos

suelen estar manejados por quienes se han atribuido el poder para hacer con esos recursos lo que les viene en gana.
Como si los padres de una familia comieran los manjares y
dejaran para sus hijos las migajas, haciéndoles creer que son
generosos. Y luego esos niños, que solo han comido migajas
a lo largo de toda la infancia, creyeran que esas porciones de
alimento son sinónimo de abundancia.

Hay pocos países maduros en los que circula la solidaridad social y el bien común como eje prioritario, porque hay
pocas familias amorosas capaces de generar responsabilidad, libertad y comunión hacia sus criaturas. Como es arriba
es abajo, como es adentro es afuera. Son dos caras de una
misma realidad en mayor y menor escala.

Lo que me exaspera una y otra vez es el grado de ingenuidad con el que los individuos nos dejamos llevar tomando
como verdad cualquier palabra dicha con vehemencia. Las
personas no solo creemos cualquier cosa, sino que repetimos
lo que sea como si fuera una gran verdad surgida de nuestro propio entendimiento. Es tan fácil manipular a la gente...
A un niño lo persuadimos con un dulce. A un adulto, con una
palabra convincente, aunque sea totalmente falaz.

Que seamos pueblos manipulables nos deja en el más absoluto desamparo, aunque creamos que hemos obtenido
protección. Por eso pienso que los cambios sociales, junto al
anhelo por un mayor bienestar, el ecologismo, la no violencia, la solidaridad y los vínculos fraternos, solo serán posibles cuando emprendamos diversos caminos de indagación
individual, hasta poder mirar con ojos bien abiertos nuestras
realidades emocionales y luego podamos tomar decisiones
conscientes para cambiar a favor del prójimo. Los seres hu-

manos disponemos de las enseñanzas de grandes maestros tanto de Oriente como de Occidente. Jesús, Buda, Mahoma, Confucio, Lao Tsé y otros sabios antiguos y contemporáneos han estado al servicio de la humanidad para acercarnos la verdad interior. Todos ellos nos han ofrecido las mismas verdades, todos nos invitan a entrar en contacto con nuestro yo auténtico y **amar al prójimo**. Sin embargo, aun en épocas de alta tecnología y comunicaciones inmediatas, seguimos provocando heridas y malestar a nuestro alrededor. No importa qué hoja de ruta utilicemos, alguna vez tendremos que reconocer, con humildad y grandeza, dónde nos hemos perdido.

Desde mi punto de vista, nuestra perdición empieza en el momento mismo en que deberíamos haber recibido **abundantes bocanadas de amor** cuando éramos pequeños. En ese momento, al constatar que esa expectativa natural no fue colmada, hemos desviado el camino. Hemos inventado estrategias legítimas para sobrevivir. Más tarde, al convertirnos en adultos, creemos que la vida es eso: una estrategia permanente que necesitamos para salvarnos a costa de los demás.

Relación entre las vivencias individuales y los movimientos colectivos

Entiendo que la manera más honesta para abordar incluso los grandes conflictos sociales es apuntando al **origen**. Y el origen, en términos de conducta humana, siempre es **individual**. Nacemos como individuos únicos. Luego desplegamos personajes con ciertos recursos que funcionarán con lo mejor que hayamos encontrado para **sobrevivir al desamor**. Es verdad que a la gran mayoría de los niños nos pasa lo mismo, por lo que a nivel colectivo somos bastante parecidos. Pero eso no significa que la comprensión de la realidad tenga significado en el ámbito de lo colectivo. En mi opinión, hallaremos coincidencias si reconocemos que cada movimiento social está constituido por personas individuales con biografías humanas devastadoras.

En los países menos desarrollados, uno de los problemas más importantes es la desigualdad entre los ciudadanos sostenida por la corrupción de los poderosos.

¿Qué es la corrupción? Es robar, sencillamente. ¿Por qué algunas personas invertimos toda nuestra inteligencia para acumular poder y dinero? Por la inmensa **inseguridad infantil** que nos envuelve y por nuestro histórico **vacío afectivo** que necesitamos llenar. Resulta que no importa cuánto poder acumulemos ni cuánto dinero ahorremos en paraísos fiscales, siempre vibrará interiormente el miedo a quedar otra vez desprotegidos. Esa fue y seguirá siendo nuestra vivencia primaria, imperceptible, pero presente.

Sin embargo, algunas personas, por suerte, no muchas, somos capaces de robar o manipular hasta obtener lo que deseamos. Pero lo que llama más la atención es que seamos muchísimas más las que permanecemos en un estado de gran vulnerabilidad: en el engaño del discurso materno. Salvando las distancias, si nuestra madre nos ha dicho hasta el cansancio que éramos niños tontos... de tanto escucharla y tan necesitados de su protección y amor, no tendremos más remedio que creerla. Luego actuaremos de acuerdo a esas creencias y haremos tonterías para demostrarnos que efectivamente somos tontos. O genios. O trabajadores. U obedientes. Lo que sea que nuestra madre haya dicho incluso, y sobre todo, si no coincide con la realidad, la fuerza de la creencia en el **discurso materno** es lo único que **nos ofrece seguridad**. Estos mecanismos están detallados en mi libro *El poder del discurso materno*.

Del mismo modo, y a mayor escala, cuando los gobernantes o los poderes empresariales establecen un **discurso**, la masa de ciudadanos precisamos creer milimétricamente eso que nos han dicho para situarnos en un territorio de seguridad. Aunque la realidad demuestre una y otra vez algo distinto. Ese es el punto ciego desde el que millones de individuos votamos, aclamamos, manifestamos y sostenemos gobernantes corruptos, ladrones, mentirosos y autoritarios. Necesitamos mantener en la cúpula de nuestros países, sobre todo en los menos desarrollados, es decir, menos democráticos, a personajes que nos mientan, pero que al mismo tiempo nos fascinen con carisma, discursos efusivos y promesas disparatadas.

Esto acontece estemos a favor o en contra de los gobernantes de turno, ya que si estamos en contra el mecanismo es el mismo: tendremos algún otro líder o grupo de formadores de opinión igual de carismáticos que nos propondrán discursos contrarios, pero igual de engañosos. Y aquí opera el ingrediente que faltaba: las personas necesitamos **pertenecer**. La pertenencia a un grupo o una tribu es parte de nuestro diseño original como especie humana, por eso es tan dramática **la expulsión del territorio emocional materno cuando somos niños**. Por lo tanto, a escala social, cuando ciertos movimientos políticos crecen y se convierten en multitudinarios, por el solo hecho de «ser muchos», el fenómeno de coincidencia se convierte en un refugio reparador. Si observamos que, en definitiva, estamos buscando **confort emocional**, precisaremos acomodarnos en ideas compartidas. Por eso nos resulta importante que muchas personas opinen lo mismo. Estos mecanismos infantiles son aprovechados por los «formadores de opinión», que utilizan los medios de comunicación, que hoy en día gracias a internet funcionan instantáneamente, para establecer cualquier idea, cualquier rumor, cualquier mentira; sabiendo que, si se reproduce lo suficiente de forma automática, se va a convertir en una supuesta verdad compartida. Y si luego somos muchos quienes seguimos reproduciendo esas ideas u opiniones, estas adquirirán dimensiones magníficas. Todos hemos leído, escuchado o compartido rumores sobre los temas más diversos: sobre políticos, personajes famosos del mundo del espectáculo, periodistas o deportistas. Y conversamos sobre ellos en las reuniones sociales como si realmente supiéramos de qué estamos hablando.

Lo vivo en carne propia: se dice cualquier cosa de mí, desde que soy defensora de criminales hasta que soy seguidora del Opus Dei (esto me hace mucha gracia, pues soy judía y ni siquiera entiendo muy bien qué es el Opus Dei), pero esos rumores entran en el inconsciente colectivo y se instalan **como si fueran verdades**. Cualquier opinión **nos parece bien si es compartida por muchos**. Lo que vale la pena que observemos es la fuerza del **discurso engañado**. La fuerza de la mentira. Si hay algo que expresamos con suficiente vehemencia o bien es transmitido por un medio de comunicación con gran influencia sobre el público, va a contar con el mecanismo que todos tenemos aprendido: necesitamos creer en el discurso predominante, tanto como hemos creído en el discurso de nuestra madre cuando éramos niños, ya que de esa **lealtad** dependía nuestra seguridad emocional.

Pienso que no es posible comprender los fenómenos sociales si no los observamos desde **las realidades emocionales individuales**. Porque el conjunto de individuos somos uno, sumado a otro, y a otro, y a otro, hasta llegar a ser millones. Cada individuo de los que conforman esos millones es un individuo con un nivel de **inseguridad emocional** alarmante. La prueba de que **la peor depredación del ser humano fue haber sido insuficientemente amado y cuidado durante la niñez**. Nos arrojaron al mundo sin una seguridad básica, y hoy, ya convertidos en adultos, necesitamos aferrarnos a cualquier sistema que nos asegure estructura, orden y límites precisos donde ampararnos. Ese es el motivo por el cual, a lo largo de la historia, las comunidades hemos optado tantas veces por regímenes militares con disciplinas inquebrantables o niveles de sumisión extremos a cambio de una pertenencia absoluta y sin fisuras. La **lealtad** opera bajo el mismo formato en ejércitos, iglesias o ideologías. Suponemos que tenemos que defender a rajatabla nuestras ideas de los ataques de los enemigos. Tanto como nos sentimos en la obligación de **defender a nuestra madre**. No hay nada más evidente que esto: defendemos nuestro lugar de pertenencia, que nos ha dado amparo **a cambio de inclusión**. Somos esclavos del miedo. Miedo de quedarnos solos, tal como nos sucedió durante nuestra infancia.

En cambio, si pretendemos ser libres y autónomos, con

pensamientos, ideas y entusiasmo por las búsquedas espirituales genuinas, necesitamos haber adquirido un nivel de **seguridad emocional** alto. Ya sea porque lo hemos obtenido durante nuestra infancia o porque estamos dispuestos a comprender que ahora lo tendremos que forjar nosotros mismos con mayor conciencia. Que quede claro: si esa seguridad afectiva no está arraigada en nuestro interior o no la establecemos con conciencia, solo buscaremos pertenecer a algún lugar. Si buscamos pertenencia, es imposible que pretendamos ser libres.

Es fácil reconocer estos mecanismos automáticos al defender ciertas ideas: si necesitamos pensar igual que la mayoría, es porque buscamos **pertenencia**. Eso nos aleja de la conexión con nuestro ser esencial. Es frecuente que nos envalentonemos cuando somos muchos pensando lo que sea. De ese modo se generan las ideas convencionales, en las que nos sentimos cómodos porque nos incluyen dentro del mismo ámbito de creencias, cultura o sistema moral, y miramos con desconfianza a cualquiera que piense otra cosa, pues se convierte automáticamente en una amenaza. Y más tarde en un enemigo. Si tenemos un enemigo (ya sea político, del vecindario, un familiar, una expareja o quien sea) también estamos tranquilos porque significa que en algún territorio más cercano tenemos aliados. Todo este rompecabezas refuerza la seguridad de la pertenencia.

En términos sociales, será muy difícil que podamos madurar colectivamente si no estamos dispuestos a madurar de forma individual por medio de reconocer que alguna vez tendremos que asumir las discapacidades con las que hemos crecido e intentar repararlas, pues nos daremos cuenta de que si anhelamos un mundo más amable, tendremos que poner todos nuestros recursos y nuestra inteligencia emocional al servicio del amor al prójimo. Sobre todo tendremos que aprender a **amar a los niños**, si los tenemos. Sin embargo, esto no es un acto de voluntad, sino que tendrá que ser un **proceso de apertura de conciencia**.

Por eso, lo importante no es defender creencias u opiniones. Si pensamos que hay un modo bueno de criar, educar o vivir con niños, una vez más estamos reproduciendo un **ámbito de pertenencia** en el cual nos sentimos bien, dejando fuera a quienes no piensan igual que nosotros. Por lo tanto, perpetuamos el mismo esquema estúpido. Seguimos multiplicando pequeñas áreas de bienestar entre pares, generando alianzas a falta de seguridad emocional interna. Insisto en que, sobre todo en el terreno de la crianza de los niños pequeños, si determinamos lo que es bueno y lo que es malo, generaremos tantos sistemas **engañados** como los que pretendíamos desarmar. **No sirve para amar a nadie.** Solo sirve para que encontremos consuelo y confort entre pares (léase: entre quienes comparten nuestras ideas).

NI A FAVOR NI EN CONTRA

En este punto quiero ser categórica. De hecho, desde hace años, a partir de los rumores, las oleadas de ideas, las defensas de unos que se fueron superponiendo a las palabras de otros hasta montar una especie de juego del teléfono de dimensiones considerables, se ha supuesto que yo propongo un montón de cosas que no están escritas en ninguna parte.

No soy defensora de ningún método de crianza. No estoy a favor ni en contra de nada. No doy consejos a las madres. No intervengo de modo alguno en lo que cada adulto decida hacer con su vida. No discuto teorías sobre la buena o mala crianza con nadie. No acuso a nadie. De todos modos, en el inconsciente colectivo aparezco como la defensora del colecho o de la lactancia prolongada, que, comparadas con todas mis propuestas para la indagación personal, el encuentro con la propia sombra y la construcción de la propia **biografía humana**, son nimiedades. Sin embargo, la fuerza del discurso engañado termina por imponerse.

La **fuerza de la mentira** se establece con inusitada facilidad porque así hemos sido criados: a partir de mentiras. Distanciados de lo que nos pasa, de lo que sentimos y de lo que hemos venido a hacer en este mundo. La discapacidad de nuestras madres y de toda la línea ascendente por parte materna para abrir sus corazones y recibirnos como criaturas humanas amorosas que solo necesitábamos amor y cuidados para desplegar nuestras potencialidades, quedó interrumpida. Ahora somos nosotros, adultos, quienes estamos interfiriendo en las capacidades amorosas de nuestros hijos, distraídos en pequeñeces cotidianas y en batallas familiares que solo nos desvían de nuestro destino.

Las distracciones en tonterías superfluas también funcionan a favor de los engaños. De hecho, los medios de comunicación de masas suelen utilizar noticias absolutamente banales para mantenernos ocupados. Una vez más, esto es similar a nuestras experiencias infantiles. Todos recordamos que nuestros padres, o quienes nos han criado, suponían que comprendíamos menos de lo que efectivamente sabíamos, y pretendían apartarnos de los acontecimientos familiares que tenían suma importancia para nuestro devenir. Pero nos hemos acostumbrado a jugar al juego de la ingenuidad hasta convertirnos en individuos extremadamente vulnerables e influenciables, justamente por carecer de autonomía y sentido común en sintonía con nuestras percepciones íntimas y genuinas. A partir de esa costumbre, es muy fácil hacernos creer lo que sea que los ámbitos de poder necesiten establecer, como si fuéramos niños distraídos.

¿QUÉ ES LA LOCURA?

Hay un aspecto más que voy a abordar con mayor detalle en el presente libro y que también es consecuencia de la distancia entre lo que nos pasa y lo que alguien dice que pasa: la **locura**. La locura individual que también está presente en la locura social.

¿Qué es la locura? Es la **tergiversación de la realidad**. Es la **diferencia** entre lo que pasa y lo que percibimos que pasa. El problema es que, tal como he expresado, prácticamente todos tergiversamos la realidad y nos cobijamos en ilusiones para que sea más soportable el **dolor del desamparo**. A veces mintiendo, otras veces creyendo en mentiras, en ocasiones inventando realidades o adaptándolas a nuestra tolerancia. Casi todos usamos esas estrategias en mayor o menor medida. ¿Acaso estamos todos locos?

Tal vez sea una cuestión de escala, aunque **la locura es muy poco medible**. Sé que voy a adentrarme en ámbitos de los que la medicina y la psicología convencional se han apropiado, pero han obtenido resultados tan magros con relación a los pensamientos autónomos y creativos que me siento con total derecho a investigar un poco más allá. Tal como he descrito con respecto a los engaños individuales y colectivos, creo que con relación a la locura sucede lo mismo: hay distancias inmensas entre **las realidades internas y los discursos**, hecho que nos obliga a interpretar de modo tergiversado la percepción de la realidad. Esto es relativamente fácil de observar en los acontecimientos políticos y sociales. Si un extraterrestre bajara a la Tierra en su fantástico ovni y observara una hora de un programa informativo de actualidad del país que fuera, opinaría que las noticias son poco creíbles, extrañas, inconexas, ilógicas e incomprensibles.

A nivel individual, (estos temas los desarrollaré en los próximos capítulos), es indistinto que algunas personas tengan diagnósticos de enfermedades mentales y otras no.

Acepto que nos adentramos en un terreno complicado porque las percepciones suelen ser subjetivas. En ese terreno, no hay nada correcto ni incorrecto. Hay personas que entran en contacto con otros planos y, por lo tanto, tienen percepciones en una frecuencia diferente a la mayoría de nosotros y eso no significa que hayan perdido la cordura, aunque algunas personas así lo consideren. A lo largo de la historia, se ha tildado de locas a personas visionarias o que tenían chispas de intuición o capacidades levemente diferentes a los demás.

Hoy se habla de psicosis, paranoias y esquizofrenias, pero espero poder demostrar que se trata de **consecuencias de desamparo materno crueles**, y por lo tanto **evitables**. No vienen predeterminadas en nuestro ADN. A decir verdad, hay un límite impreciso entre locos y cuerdos ya que con solo salir a la calle o leer los diarios, tendríamos que preguntarnos si el mundo entero no ha enloquecido.

Quiero dejar constancia de que toda mi investigación está basada en dos grandes ejes: por un lado, en **percepciones e intuiciones** que son **personales**. Es probable que no sean infalibles, pero no por eso son menos valiosas o serias, ya que me dedico a corroborarlas con cada individuo en el seno de la construcción de su **biografía humana**. De hecho, es una práctica construida en conjunto con cada individuo deseoso de ir al encuentro con el otro aspecto de su yo. Por el otro lado, entiendo que teorizar es juntar una cantidad de evidencias, es decir, de hechos concretos, que han sido estudiadas desde varios puntos de vista hasta encontrar **coincidencias**. Cuando esas coincidencias aparecen en una cantidad de veces relevante, ya las someto a consideración.

Está claro que intento disminuir las confusiones con respecto al trabajo de los psicólogos porque, tal como ya he aclarado en muchas ocasiones, **no practicamos psicología**. Yo no atiendo a nadie personalmente desde hace muchos años, pero tengo acceso a toda la información de todos los pacientes que se atienden desde todas partes del mundo en la institución que dirijo, gracias a la facilidad actual que ofrecen las comunicaciones a través de internet. Esta enorme casuística me provee de material suficiente para seguir estudiando cada día y contrastar con mi equipo si lo que se me ocurre mientras leo minuciosamente todos los informes coincide con la realidad emocional de cada individuo. Así es como he constatado que la **tergiversación de la realidad** está más presente en todos los discursos de lo que nunca hubiera imaginado.

Es simple: si vivimos inmersos en una realidad demasiado cruel, basta con imaginar que estamos en un campo repleto de flores para que la cotidianeidad se transforme en algo más tolerable. A medida que vamos constatando que el hecho de fantasear con una realidad más benévola funciona... es obvio que vamos a continuar utilizando ese recurso. Porque todos queremos sentirnos bien. Luego, una vez que probamos el «remedio», ya no queremos abandonarlo. Nos acostumbramos a tomarlo cada vez que lo necesitamos. Ascendemos a esa **realidad paralela** que funciona como un escudo protector frente a todos los sufrimientos y, además, podemos modificarla a nuestro antojo. Es el más poderoso de los remedios porque nuestra mente vuela y puede llegar al infinito, crear lo que quiera, dar forma a lo que sea sin hacer nada más que conjeturar innumerables posibilidades.

A medida que fui constatando el poder de refugio que poseen las fantasías, empecé a investigar en cada **biografía humana**, es decir, en la vida del todo real de individuos concretos que se visitan con nosotros, y cada vez que las piezas no encajaban proponía observar esos escenarios tomando en cuenta la **tergiversación de la realidad como mecanismo de supervivencia**. Resulta que lo hemos constatado una y otra vez. Luego nos dedicamos a trazar líneas de madres a hijos y de estos a sus propios hijos hasta ir detectando cómo la **crueldad**, más que el desamor, nos obliga a escaparnos de este mundo porque no estamos hechos para tolerar la maldad. La maldad no está hecha a imagen y semejanza de los seres humanos. Aunque exista entre nosotros.

La semilla del sufrimiento humano

Los seres humanos nacemos amorosos.

En todos los casos, las vivencias que hemos experimentado en el útero materno han sido confortables y completas. Pasamos nueve meses en un perfecto paraíso: obteniendo todo aquello que, como criaturas en pleno proceso de gestación, necesitamos: alimento, cobijo y resguardo suficientes para que, de modo natural, nuestro desarrollo suceda sin interrupciones ni obstáculos.

Finalmente, el nacimiento se produce. Si las mujeres pudiéramos parir en franca intimidad, en estado de introspección y **fusionadas** con el niño que puja por nacer, los bebés recién nacidos seríamos acogidos bajo el mismo tenor amoroso y suave. Pasaríamos dulcemente del medio acuático al medio aéreo e iniciaríamos la respiración acunados por los brazos envolventes de nuestra madre. Si fuera así, los bebés humanos **desplegaríamos ese amor con el que fuimos diseñados** siempre y cuando recibiéramos el cuidado y la protección que como criaturas indefensas necesitamos.

De hecho, quienes hemos tenido la oportunidad de observar a un recién nacido en brazos de su madre mamando su leche tibia hemos constatado que **no hay ojos más ena-**

morados que los de **un bebé en estado de bienestar**. Es una mirada colmada de amor y pureza. En efecto, eso es el amor puro.

Es lamentable que pocas veces seamos testigos de esa dimensión de la manifestación de amor, porque raramente permitimos que una criatura que acaba de nacer, es decir, que acaba de abandonar su perfecto paraíso, continúe en el mismo estado de bienestar. ¿Qué necesitaría para continuar en su paraíso? Una madre que haya tenido la misma experiencia durante su niñez... y que por lo tanto **sienta la espontánea necesidad visceral de permanecer con su hijo en brazos** aunque el mundo externo desaparezca, dejándose succionar por la fluidez y la intensidad del amor que el niño pequeño reclama.

Para que esa madre no se cuestione la zambullida sensorial hacia la dimensión fusional del recién nacido ni calcule racionalmente los asuntos relativos al mundo externo dejándose transportar por la fuerza de su propia naturaleza, tiene que haber tenido, a su vez, una madre que haya vivido las mismas experiencias de despojo del universo racional y se lanzara en aquel entonces a hacer de madre a esa niña hoy devenida madre. Y así, muchas generaciones de mujeres antepasadas han criado espontáneamente a sus hijos en un encadenamiento de sabiduría femenina transmitido desde las entrañas.

A ninguno de nosotros nos ha sucedido «eso». Ni nuestras madres se despojaron de sus propias opiniones, prejuicios y creencias, ni nuestras abuelas contactaron con su libertad interior. Todo lo contrario. Sin ir más lejos, en la línea genealógica ascendente, sabemos que el nivel de represión, autoritarismo, violencia y rigidez ha sido moneda corriente en nuestras familiares. Por lo tanto, nosotros no hemos rozado esas experiencias de amor altruista siendo niños y difícilmente podamos hacer algo diferente si alguna vez tenemos hijos.

Podríamos reflexionar sobre los motivos por los cuales las hembras humanas nos hemos distanciado de nuestra naturaleza, escapando de nuestros propios escenarios de partos y desamparando así a los niños recién nacidos. Al menos, permítanme asegurar que los seres humanos no estamos diseñados para vivir el desamor. Todo lo contrario, hemos sido diseñados **para vivir en el amor**. De hecho, los bebés **nacemos naturalmente amorosos y exquisitamente capaces de amar en la medida en que recibamos los cuidados suficientes**. Sin embargo, algo fundamental se corta si en el instante mismo del nacimiento el amor acogedor no está presente.

La falta de referencias fuera del patriarcado

Un obstáculo frecuente para comprender qué es lo que nos ha sucedido es que nuestra civilización patriarcal no conserva testimonios de civilizaciones precedentes. La humanidad existe hace cientos de miles de años; sin embargo, el acceso al conocimiento de la historia de otros grupos humanos en otras culturas y regiones del planeta es muy limitado.

Es interesante saber que hay una historia anterior al patriarcado, que no estaba basada en las luchas, sino en la **solidaridad**. Hoy se conocen muy pocas culturas prepatriarcales. Tenemos apenas alguna información con respecto a sociedades que se desarrollaron entre siete mil y cuatro mil años antes de Jesucristo de las que no se han encontrado vestigios ni señales de guerras. Los lugares de culto albergaban figuras femeninas, no había diferencias entre las tumbas de los hombres y de las mujeres ni signos de diferencias jerárquicas. Parecen civilizaciones centradas en la armonía entre el mundo animal y el vegetal. ¿Cómo debió de ser vivir en un ámbito de colaboración en el que el mayor placer consistía en participar de una empresa en común? ¿Cómo debió de ser vivir en armonía con la naturaleza en lugar de pretender dominarla? Nosotros no lo podemos siquiera imaginar. En la cultura prepatriarcal, parece que **el amor era un asunto cotidiano**. En cambio, nosotros valoramos la guerra y luego buscamos el amor como algo especial.

Existen hallazgos arqueológicos que dan cuenta de largos períodos de prosperidad en un pasado oculto. Miles de años en los cuales las sociedades se desarrollaron fuera del dominio masculino, sin jerarquías ni violencia. Hubo sociedades antiguas organizadas bajo modalidades muy diferentes a la nuestra, que contaban con deidades hembras. Es lógico que la más primitiva representación del poder divino haya sido femenina. Desde tiempos remotos el ser humano había observado que la vida emergía del cuerpo de una mujer. Entonces es comprensible que haya entendido el universo como una madre que da vida y cuida. En ese sentido, es poco probable que hayan considerado a las mujeres como sumisas, sino, por el contrario, poderosas y capaces de dar vida. Siguiendo la misma lógica, difícilmente en esas sociedades antiguas las mujeres hayan dominado a los hombres, simplemente porque **el concepto de dominación** aún **no estaba en circulación**. Desde nuestro pensamiento patriarcal cuando se han estudiado sociedades diferentes, se ha buscado «quién dominaba a quién». Por eso se ha considerado erróneamente que ciertas sociedades centradas en las mujeres habían sido «matriarcales», suponiendo que debía existir un sistema donde las mujeres dominaban. Luego, al no encontrar evidencias que ratificaran estos supuestos, se ha concluido que esas sociedades no existieron.

La cuestión es que tenemos un acceso intelectual muy limitado fuera de la lógica de la dominación. Por eso, a falta de referentes fiables de civilizaciones diferentes a la nuestra, prefiero remitirme **a la evidencia más fiable** de todas: **los bebés tal como llegamos al mundo**.

La referencia más fiable: el diseño original de la criatura humana

Nuestro punto de partida para toda hipótesis sobre la conducta humana será cada niño humano que nace a cada instante en cualquier rincón del planeta en cualquier momento. **Todos los niños nacemos iguales: capaces de amar y ávidos de amor**. Necesitados de todos los cuidados que asemejen la vivencia dentro del útero materno. Todos los niños tenemos la capacidad para expresar a través del llanto nuestras necesidades básicas, que requerimos sean atendidas **por nuestra madre**. También podemos expresar nuestro estado de bienestar si estamos confortables. Durante nuestra etapa preverbal, no incide la cultura ni las opiniones, ni el bien ni el mal. Cada uno de nosotros nace **conectado con la propia naturaleza**, que es la naturaleza de todo ser humano. Por eso los niños dejamos al descubierto los momentos en que los adultos se han extraviado.

El nacimiento debería ser un hecho mágico, pero al mismo tiempo banal: el niño nace en buenas condiciones, la madre lo acoge respondiendo a su diseño original de hembra humana, lo acuna, lo lame, lo protege con su propio cuerpo y lo alimenta. Así está previsto.

Sin embargo, nuestra civilización tiene otro propósito: prioriza la conquista. Para ello necesitará buenos guerreros, desafectivizados y listos para las batallas. Para que los niños nos convirtamos en soldados aguerridos y obedientes de nuestros superiores, es decir, para que olvidemos nuestros propósitos personales y nuestros recursos originales, se requiere que nos desenganchemos del área afectiva que nos mantiene ligados amorosamente a nuestra madre.

Ahora bien, ¿cómo se logra?

Es muy sencillo: basta con **separar el cuerpo de un recién nacido del cuerpo de su madre** garantizándole la desprotección.

LA LÓGICA PATRIARCAL

Cada sistema tiene su propia lógica. Pensémoslo así: si los seres humanos, cuando nacemos, necesitamos y esperamos encontrarnos con la misma calidad de confort que experimentamos durante nueves meses en el útero de nuestra madre, el hecho de carecer de calor, blandura, ritmo cardíaco reconocible, brazos que nos amparan, palabras que nos calman, cuerpo que nos protege, leche que nos nutre, y por el contrario, nos hallamos sobre una inhóspita cuna vacía sin movimiento... sencillamente esa experiencia nos va a resultar aterradora y hostil. ¿Qué hacemos frente a la hostilidad? Tenemos dos opciones.

La primera opción es no hacer casi nada... permanecer pasivos incluso con el riesgo de morir. Así nos convertimos en **dominados**.

La segunda opción es reaccionar, confrontar y luchar para intentar obtener aquello que necesitamos. Para lograrlo, no perderemos oportunidad para sacar a relucir nuestras «garras». Así nos convertimos en **dominadores**.

¿Los bebés somos capaces de reaccionar con agresividad? Sí, claro. El instinto de supervivencia está previsto en nuestro diseño. Es innato.

En cualquier caso, los bebés, frente a situaciones tan hostiles como sería el hecho de carecer del cuerpo amparador de nuestra madre, vamos a reaccionar volviéndonos pasivos (dominados) o agresivos (dominadores). Vamos a comprender a cada segundo que la vida es un lugar duro y adverso. Así nos convertimos en guerreros. Bajo ese disfraz trataremos de no tener miedo, sintiendo desde las entrañas que estamos obligados a luchar de manera constante para sobrevivir. Sabemos que estamos solos y que dependemos de nuestros recursos para no morir.

¿Para qué queremos guerreros? Sin guerreros no hay dominación de los más fuertes sobre los más débiles, de los adultos sobre los niños, de los hombres sobre las mujeres, de los pueblos poderosos sobre los pueblos débiles. **Sin guerre-**

ros no hay patriarcado. Necesitamos un sistema que lo asegure a través de las sucesivas generaciones. Ese sistema se implementa desde el momento mismo del nacimiento de cada individuo. Cada niño separado de su madre nada más nacer se convertirá en guerrero, si es niño, o en futura procreadora de guerreros, si es niña.

De ese modo simple y cruel se agranda el abismo entre las criaturas humanas, que **nacemos ávidas de amor y con total capacidad para amar**, y el vacío que nos espanta. El problema es **la traición** hacia el diseño original de la especie humana: **todas las crías de mamífero humano nacemos con nuestra capacidad de amar intacta** esperando ser amparadas, nutridas y cuidadas, ya que **al inicio de la vida esa es la única manera de vivir en el amor**. El impacto por no recibir algo que era natural durante la vida intrauterina, traducida en la experiencia permanente de contacto corporal, alimento, ritmo y movimiento, es feroz.

Fieles a nuestro diseño, los bebés vamos a reclamar de modo constante el regreso a nuestro estado natural de confort. ¿Cómo lo vamos a lograr? Lloraremos hasta el cansancio, enfermaremos, tendremos accidentes domésticos... aunque algunos de nosotros vamos a terminar adaptándonos. Si observamos estas escenas desde el punto de vista del bebé que hemos sido, el panorama resulta ser **una gran desilusión para nuestro ser esencial**.

A medida que vamos creciendo, las cosas no mejoran. Por un lado, vamos afinando las herramientas de supervivencia. Cada uno de nosotros ha desarrollado recursos diferentes, pero hay algo que todos compartimos: la certeza de que el mundo es peligroso y que tenemos que estar en alerta.

Algunos niños aprendemos a agredir a quien sea: mordemos los pechos de nuestra madre, mordemos a otros niños, escupimos, pegamos, lastimamos. Otros niños simplemente enfermamos. Algunos niños tomamos la decisión de no molestar, con la secreta esperanza de, si obedecemos, ser finalmente reconocidos y amados por nuestra madre. Otros niños nos llenamos con comida, o nos atosigamos con estímulos auditivos o visuales... con tal de no sentir la punzada sangrante de la soledad. Muchos niños anestesiamos directamente todo vestigio de dolor, siendo inmunes al contacto, alejados de las emociones y refugiados en la mente: nos convertiremos luego en jóvenes inteligentes, cínicos, desapegados y críticos.

Estamos tratando de imaginar qué es lo que nos ha sucedido desde el momento en que hemos salido del vientre de nuestra madre... hasta convertirnos en las personas que somos hoy en día. Estamos buscando la **semilla del sufrimiento humano**. Y todo indica que tenemos que remitirnos a ese instante de nuestro primer aliento, que debería ser mágico, convertido en un acto de desamor, sumado a cada segundo de distancia y soledad en un *continuum* inalterable a lo largo de toda nuestra infancia.

UN DESASTRE ECOLÓGICO

Lo menos doloroso que nos ha acontecido es la experiencia de desamparo por la falta de cuerpo materno. Ni siquiera estoy abordando la realidad de los niños que hemos sido amenazados por nuestros padres, que hemos recibido palizas, gritos, humillaciones, castigos, mentiras o abusos emocionales y físicos. Estos acontecimientos comunes y corrientes forman parte de la realidad de la gran mayoría de las infancias.

La falta de cuerpo materno disponible cuando somos niños **es un desastre ecológico a gran escala**. Si no logramos succionar la sustancia materna traducida en leche real, en abrazos, caricias, tacto, palabras tiernas, mirada complaciente, frases cariñosas y comprensión cargada de compasión y ternura durante la niñez, no tenemos más remedio que anestesiar nuestros propios cuerpos y el desarrollo de nuestra vida espiritual futura. En el caso de las niñas, el congelamiento de nuestros cuerpos tendrá consecuencias nefastas sobre nuestra descendencia.

El guerrero es un eslabón absolutamente necesario para la dominación. No podríamos perpetuar el dominio de nuestra civilización sin garantizarnos una gran cantidad de individuos que ejerzan la superioridad de unos sobre otros. Para una cultura de conquista, necesitamos entrenar continuamente futuros guerreros. Ese es el principal motivo por el cual **las madres separamos a los niños de nuestros cuerpos**. Por eso es pertinente que observemos nuestras **conductas individuales** en el marco de las **conductas colectivas**, ya que son análogas, para reconocer que siglos de historia no se modifican con un puñado de voluntades. Precisamos mucho más que eso: en principio nos hace falta acordar **qué tipo de civilización queremos para nosotros y nuestros descendientes**.

Separar a los niños recién nacidos de sus madres no es ingenuo, tampoco es casualidad ni es un error. Mientras todos contribuyamos a que las cosas continúen dentro del mismo sistema, opinando según nuestros prejuicios y repitiendo como si fueran mantras las mismas ideas obsoletas, no habrá verdaderas oportunidades para un cambio total de perspectivas. Las madres no toleramos a los niños pegados a nuestros cuerpos y los demás individuos, varones y mujeres, no toleramos que las mujeres carguen a sus hijos en brazos.

Repito: la mayor crueldad es no abastecer afectivamente al niño apenas salido del vientre materno en la medida en que cada uno lo requiera. ¿Hasta cuándo? ¿Cuál es el límite? Estas preguntas frecuentes las formulamos los adultos desde nuestro lado infantil e incapaz, como consecuencia de nuestra propia infancia.

Es imposible que una criatura humana reclame algo que no necesita. Es absurdo. **Solo un adulto que ha vivido la crueldad siendo niño puede tener el corazón tan frío al punto de sostener que ese niño no tiene derecho a recibir aquello que genuinamente está reclamando**. Insisto en que estamos gestando, a partir de cada acto de desamor, pequeño a ojos del adulto pero inmenso para el bebé, un niño que, desamparado, tendrá que generar con urgencia algún mecanismo para su supervivencia.

Estamos hablando de una abrumadora realidad colectiva: nos han robado nuestras infancias y ahora nos dedicamos a robar las infancias de quienes son niños hoy. ¿Es exagerado? No. Basta revisar con honestidad el grado de adaptación a las reglas de los mayores a las que estuvimos sometidos cuando éramos niños, para darnos cuenta de que hoy, provistos de nuestras opiniones bienintencionadas, consideramos que no es correcto que el niño pequeño nos exija tanto.

¿Quién tiene razón? A falta de referentes en los que confiar, regresaremos una y otra vez al **diseño original del ser humano**; por lo tanto, daremos crédito a eso que el niño pide y que tiene relación directa con aquello que el niño que nosotros fuimos aún espera recibir. Es obvio que hemos establecido **una lucha entre el niño que fuimos** y que aún espera ser resarcido y **el niño real** que tenemos en brazos y que aguarda su cuota de confort y saciedad. ¿Quién gana? El adulto en situación de revancha. ¿Por qué, incluso así, las personas mayores no estamos satisfechas? Porque no importa cuánto dejemos llorar al niño, cuánto le impongamos una adaptación dolorosa o cuánto creamos en las reglas de la buena educación; continuamos siendo ciegos e ignorantes respecto de nuestra propia realidad emocional. No estamos observando la totalidad de nuestro escenario, no hemos abordado nuestra propia infancia y, por lo tanto, no hemos comprendido que aún pretendemos alimentarnos como si todavía fuéramos niños hambrientos de amor materno. Si no nos damos cuenta de que ese es el problema, jamás podremos dar prioridad a las necesidades acuciantes del niño que tenemos a cargo.

No hay grandes diferencias entre los mecanismos de supervivencia que desplegamos cuando nosotros éramos niños y los que intentan desplegar los niños de hoy. Estas estrategias espontáneas están descritas en varios libros ya publicados, especialmente en *La biografía humana*, *El poder del discurso materno* y *Amor o dominación, los estragos del patriarcado*, aunque en el presente libro retomaré las más habituales y las que demuestren los mecanismos de salvación emocional a partir del ascenso a **realidades paralelas**.

Si generamos una civilización repleta de guerreros, tendríamos que prestar atención a cada madre de guerreros. Ahí entramos en escena las mujeres. Porque el verdadero drama ni siquiera está en el niño que no encuentra nuestro cuerpo materno disponible, sino en cada una de nosotras que **no sentimos, espontáneamente, apego hacia nuestro hijo**. Ese es, desde mi punto de vista, el verdadero **desastre de nuestra civilización**.

Siendo niños hemos aprendido tempranamente a congelar las emociones, escindiendo nuestros registros internos y rechazando todo atisbo de intuición y deseo. La distancia con nosotros mismos que hemos instaurado para que el dolor no duela tanto, más tarde nos ha convertido en los adultos que somos hoy. En el caso de las mujeres que devenimos madres, esa frialdad instalada es la que nos imposibilita **sentir compasión y apego por el niño que ha salido de nuestras entrañas**.

No vale la pena estudiar la teoría del apego. Es evidente que todo niño humano nace de un vientre materno y anhelará permanecer en un territorio similar. Esto es intrínseco a todas las especies de mamíferos. El verdadero problema es que las madres humanas, quienes hemos sido criadas en el vacío afectivo, hemos anestesiado en el pasado nuestras necesidades afectivas para no sufrir, **distorsionando ahora nuestro instinto espontáneo de apego hacia la criatura recién nacida**. Es una rueda que gira en torno a la misma secuencia: nacimiento, distancia corporal respecto de la propia madre, sufrimiento, reacción en el congelamiento, anestesia vincular o superficialidad en las relaciones afectivas, hasta que tenemos un hijo: en ese instante nos resulta evidente que no disponemos de recursos para arrojarnos a la

intensidad del vínculo con el niño; entonces volvemos a reaccionar: rechazamos al niño en el plano corporal y afectivo.
De ese modo, se materializa el corte del **instinto materno**.

Si las mujeres sintiéramos la poderosa **necesidad de no
separarnos de nuestra criatura, nadie podría imponernos
ese alejamiento**. Pero para lograr ese acercamiento tan ínti-
mo, es imprescindible **abordar la realidad vivida durante
nuestra primera infancia**. Las buenas intenciones no son suficientes. Precisamos un registro consciente que nos habilite
a sumergirnos en ese pantano de dolor antiguo, sabiendo
que esos registros del pasado son del pasado y que hoy tenemos otros recursos para confrontar con el desamor de nuestra infancia.

¿Por qué afirmaríamos alegremente que no hemos recibido cuidados maternos suficientes si los recuerdos que conservamos de nuestras infancias son felices? Porque hoy no
toleramos la demanda «excesiva» de nuestro bebé. ¿«Excesiva» con respecto a qué? A nuestra necesidad infantil de ser
colmados en primer lugar. Todos estos conceptos han sido
descritos en mis libros ya publicados. Sin embargo, no nos
sientan bien, sobre todo cuando hacemos grandes esfuerzos
para dar a nuestros hijos todo lo que somos capaces de darles. ¿Qué más? No se trata de darles algo más, ni de ofrecer
una crianza perfecta. No. Se trata de abordar y recorrer con
valentía la **distancia** entre lo que esperábamos al llegar al
mundo y aquello que nos sucedió en términos de maternidad. La diferencia entre nuestro ser esencial y el mecanismo
de supervivencia emocional. La separación entre la potencia
intrínseca interna y el personaje.

La distancia entre el registro interno y el discurso engañado

Cuando pensamos en nuestros hijos, estamos convencidos de que los amamos más que a nada en este mundo. Sin embargo, para abordar **la dimensión del desamor materno**, tendremos que revisar **nuestra propia infancia** con el propósito de recuperar **el punto de vista del niño que hemos sido**. Quizá, entonces, podamos comprender los puntos de vista de quienes son niños hoy.

Eso que nuestra madre ha dicho

Todos nosotros provenimos de historias de carencia con respecto al **amor materno**. El problema es que el concepto de amor materno resulta difícil de aprehender, ya que todas las madres amamos con el máximo de nuestras capacidades. Por eso el cálculo sobre la cantidad de amor prodigada no depende de lo que cada madre sienta que dio, sino que precisamos revisar al mismo tiempo la historia de amor o desamor materno de la época en que fuimos niñas (las madres); y de las madres de nuestras madres y así hacia la cúspide del árbol genealógico. ¿Entonces encontraremos a la verdadera culpable? Claro que no, eso no importa nada. Pero sí precisamos reconocer a través de cada historia familiar cómo se ha acrecentado el dolor, la soledad y la ignorancia respecto de los asuntos amorosos y la transmisión de supuestos que han dejado a cada generación tanto o más desprovista que las anteriores.

Saber que provenimos de una familia con discapacidades a la hora de ejercer la maternidad y ofrecer cuidados según las necesidades genuinas que hemos manifestado, nos da la primera pista para comprender las dificultades que tenemos en la actualidad con relación a las batallas emocionales, las depresiones, las adicciones o las enfermedades. Reconozcamos que lo más grave no es eso que nos acontece hoy, sino **la falta de amor cuando éramos niños**.

Una y otra vez invitaré a los lectores a remitirnos a **nuestra propia infancia**; en caso contrario anteponemos nuestras opiniones actuales y desvirtuamos la realidad de cada escenario vivido desde la lente de cada uno de los individuos que la componen. Insisto en que nuestra principal referencia será el niño, despojado de posiciones a favor o en contra de algo. Los niños estamos confortables o no estamos confortables y eso nos remite a nuestra especificidad natural. Buscamos la objetividad del diseño humano para no caer en las subjetividades de lo que consideramos bueno o malo.

La cuestión es que llegamos al mundo y no solo carecemos del confort esperado por no estar pegados al cuerpo de nuestra madre, sino que, además, nuestra madre tilda nuestros estados naturales de molestos. Claro que no tenemos recuerdos conscientes del período en que llorábamos y nos dejaban durante horas en la cuna, ni de los brotes o manifestaciones que habremos expresado. Sin embargo, contamos con aquello que **nuestra madre ha dicho** a lo largo de toda nuestra infancia: que éramos llorones o exigentes, o que ella casi se muere por nuestra culpa, o que éramos débiles o terribles. En la mayoría de los casos eso que **nuestra madre ha dicho no se corresponde con nuestra realidad interna.** Estos conceptos están descritos en mi libro *El poder del discurso materno.*

Aquí vislumbramos el inicio de un malentendido que va a perpetuarse a lo largo de nuestra vida: eso de lo que **nuestra madre habla no coincide con lo que nos pasa.** Sin embargo, cuando somos niños tomamos la palabra mediadora de nuestra madre, o de la persona que nos cría, para ordenar todo lo que pasa y todo lo que nos pasa. Si yo siento miedo y mi madre dice que soy exagerado... eso que siento (miedo) se llama «soy exagerado».

El registro interno, que es espontáneo, natural, podríamos decir que viene «de fábrica», es la única conexión que conservamos con nuestro **ser esencial.** Es importantísimo. Es una información sutil con respecto a cualquier vivencia. Ahora bien, **si eso que nuestra madre dice no se corresponde con el registro personal, se avecina una catástrofe.**

¿Por qué es tan grave?

Porque el recurso más preciso que tenemos para comprendernos y para vincularnos con nuestro entorno es el **registro interno.** Lo podemos llamar también **«sentido común»,** o **«criterio personal».** Ese «algo» misterioso nos ubica en el aquí y ahora, nos permite discernir y tomar decisiones del orden que sean. Pero si nos adherimos a una **realidad distorsionada** porque nuestra madre no ha sido capaz de mirar con amplitud de miras y ha hablado de todo desde una perspectiva reducida, engañada o ciega, no lograremos **encajar** las vivencias internas con **aquello que se nos cuenta**. Después será tan difícil sostener esa incongruencia que nos desconectaremos de ese registro interno, de ese hilo sutil que nos une con nuestra propia interioridad. Y al perder esa conexión, quedaremos emocionalmente vulnerables para siempre.

Mis recuerdos con Françoise Dolto

Para comprender **el alcance de los estragos del poder del discurso materno engañado**, es imprescindible tomar en cuenta que los niños comprendemos todo, aun si no contamos con el dominio del lenguaje verbal. Según palabras de la pediatra y psicoanalista francesa Françoise Dolto, «los seres humanos tenemos la misma capacidad de comprensión desde el día de la concepción hasta el día de la muerte».

Conocí la obra de Dolto en Buenos Aires, cuando era adolescente. Durante mi largo exilio en París tuve muchas oportunidades para verla en acción y escuchar sus múltiples intervenciones trabajando en la célebre «Maison Verte». Esta «Casa Verde» funcionaba dentro de un gran ambiente en la planta baja de un edificio del 15.º *arrondissement* y abría sus puertas todas las tardes para que los niños de cero a tres años jugaran y se interrelacionaran entre sí, siempre y cuando estuviesen acompañados por sus madres o personas allegadas afectivamente. Cada día de la semana se encontraban a disposición tres profesionales. Los lunes eran los días fijos de Françoise Dolto y durante años asistí con mis hijos, atenta a las palabras espontáneas y directas que ella utilizaba para dirigirse a las madres.

Lo que hacía con naturalidad fue algo que me deslumbró de inmediato: conversaba con las madres y luego se dirigía hacia los niños pequeños, incluso si eran bebés, y les relataba con palabras sencillas aquello que la madre le había contado, sin importar si eran asuntos «complejos». Yo tenía veinte años y fui testigo de los rostros compasivos de esos niños y de cómo esas criaturas eran capaces de acompañar a sus madres en situaciones difíciles una vez que comprendían **la verdad** de lo que acontecía.

En ese entonces encontré arraigo en una de mis tantas certezas internas: quería encontrar un modo eficaz para que cada madre lograra hablar desde el corazón, sincera y abiertamente, con sus propios hijos y sin mediación de un profesional. Y aquí estoy, casi cuarenta años más tarde... tratando de sistematizar una metodología que simplifique el acercamiento entre unos y otros.

¿QUÉ ES LA VERDAD?

La cuestión es que este asunto de **la verdad** siempre me importó. Durante mis primeros años de trabajo atendiendo madres y padres, hacía hincapié en que los adultos teníamos que hablar con la verdad por delante con los niños, ya que ellos no solo comprenden, sino que dentro de la **fusión emocional** viven como propio cada sentimiento, sensación o emoción de la madre ya sea pasada, presente o futura. Por lo tanto, si el niño **sabe**, no hay nada más absurdo que negárselo. Pero además, **el niño necesita las palabras mediadoras del adulto para organizar aquello que sabe**. En la vida cotidiana sería ideal que siempre nos refiriéramos a las cosas tal como son. Por ejemplo: si estamos obligados a dejar a nuestro hijo porque vamos a trabajar, le diremos «me voy a trabajar y vuelvo a tal hora», en lugar de escaparnos cuando el niño está distraído.

¿Por qué? Porque si el niño registra que cada vez que se distrae, su madre desaparece... sabrá que no puede caer en la distracción o el precio a pagar será caro. Por lógica hará esfuerzos para permanecer en alerta, pero por costumbre e ignorancia, expresaremos algo diferente de lo que pasa: en lugar de decir «este niño está en alerta porque teme que su madre desaparezca apenas salga de su espectro de visión», afirmamos: «este niño está sobreprotegido ya que tiene edad suficiente para arreglarse solo y no llorar cada vez que su madre no está. Necesita límites con urgencia». En todas las familias decentes reproducimos situaciones banales como estas.

Quiero demostrar que las tergiversaciones, las interpretaciones discutibles y la distancia entre lo que pasa en realidad y lo que expresamos son tan inmensas, además de habituales, que me resulta milagroso que no estemos todos locos. Porque la **locura** es eso: una **lectura tergiversada de la realidad**. En efecto, estamos acostumbrados a expresar las cosas de modo distinto a como son. Así hemos vivido siendo niños y así perpetuamos el sistema sin mayor conciencia y sin considerar que sea tan grave.

Más allá de que consideremos tontos a los niños o pensemos que no tienen por qué enterarse de las cosas de los mayores (insisto en que ellos lo saben todo porque **viven dentro del mismo territorio emocional que la madre**, como mínimo) y les neguemos aquello que para ellos es evidente porque lo sienten con todo su ser, hay algo aún más complejo y es que, si quisiéramos decirles la verdad, ¿qué verdad sería esa? ¿Qué porción de verdad les relataremos?

La verdad no es lo que pensamos. No son nuestras opiniones ni nuestros sistemas de valores. No lo constituye nuestra moral por más que sea una moral buenísima. No es nuestra mirada respecto de los demás. No es contar lo que nos pasa, ya que tenemos una interpretación sesgada sobre nuestros asuntos personales. Por otra parte, nuestra madre nos ha hablado hasta el cansancio cuando éramos niños… y sin embargo, todo lo que sabemos sobre nuestra madre es **discurso engañado**. ¿Entonces?

INTEGRAR EL PUNTO DE VISTA DE TODOS

En este aspecto, aparece un problema aún más complejo: ¿cómo hablar y cómo contar algo verdadero si no tenemos acceso a nuestra **verdad interior**? Al fin y al cabo, ¿qué es la verdad? A lo sumo, una mirada lo más ampliada posible de un escenario. ¿Qué es un escenario? Un ámbito, un territorio, un momento histórico, una familia, una comunidad o un circuito del orden que sea con leyes propias en el que participan cierta cantidad de personajes: cada uno con su propio guion, con su propia ceguera y con su propia visión parcial de cada asunto. Podríamos decir que para llegar a algo cercano a la **verdad** se debe tener la intención de **mirar con un zoom abierto, aumentado y contemplativo desde los puntos de vista de todos** hasta encontrar la lógica que sostiene el intercambio entre todos los personajes de un escenario cualquiera.

Podríamos comparar esta mirada ampliada con una obra de teatro. Si nos sintiéramos identificados con un solo personaje y nos importara solo enterarnos de lo que ese personaje tiene para decir, lo defenderíamos, pero difícilmente comprenderíamos la lógica de la trama completa. Por lo tanto, sería improbable que pudiéramos encontrar soluciones al conflicto que planteara el hilo dramático de la obra, ya que la visión parcial de un solo personaje no nos daría toda la información necesaria. Lo mismo ocurre en la vida cotidiana: cuando atendemos solo nuestro punto de vista sin tomar en cuenta los puntos de vista de todos los demás y sin considerar la historia o los intereses que han ido organizando el conflicto o el nudo de algo que nos hace sufrir, no es posible comprender nada. Cualquier cosa que digamos al respecto será **«no verdad»**. Porque responderá a un punto de vista ciego. Lo podemos llamar **«discurso engañado»**, «discurso parcial», o como sea. ¿Cómo sabemos que no es verdad lo que un personaje determinado dice? Porque en la misma trama hay otros personajes que defienden otras versiones del asunto, con frecuencia contradictorias u opuestas. Por lo tanto, una cosa es la interpretación subjetiva, la idea, la opinión o el punto de vista de un individuo y otra cosa muy distinta el acceso a la verdad que contempla un mapa completo con una lógica que lo sostiene.

En nuestra cultura, no tenemos la costumbre de mirar

territorios ampliados ni de observar los mapas completos. Nuestras cegueras favoritas nos invitan a tener opiniones para todo, a favor de algo y en contra de otra cosa. Por lo tanto, el acceso que tenemos a nuestra propia verdad es escaso. Significa que, si no comprendemos nuestros escenarios ampliados, ¿cómo vamos a poder compartir con otros aquello que nos pasa? ¿Cómo vamos a hablar de **la verdad**? ¿Cómo se supone que abordaremos la verdad interior de los demás si no podemos rozar la propia? Llegados a este punto, ¿cómo vamos a reconocer, sentir, percibir o experimentar lo que le puede suceder interiormente a otro individuo si ni siquiera comprendemos aquello que sucede en nuestro ser interior? Y si ese individuo es nuestro hijo pequeño, ¿contamos con recursos para sentir aquello que siente?

Antes de apresurarnos respondiendo que sí, que somos madres y padres cariñosos y atentos, revisemos si durante nuestra infancia nuestra madre sabía qué nos acontecía. Busquemos escenas, si es que las hubo, en las que nos habló con conciencia y abiertamente, en que formuló preguntas hasta enterarse de qué era lo que nos hacía sufrir, qué nos daba miedo y cuáles eran nuestros deseos secretos. Regresemos a ese pasado y vislumbremos si alguna vez nuestra madre se puso en nuestra piel, si nos defendió de agresores, si nos allanó algún camino, si puso palabras a sentimientos ambivalentes, si facilitó nuestro paso a la pubertad, si nos acompañó amorosamente en cada ámbito temerario o desconocido. ¿Alguna vez expresó con sencillez nuestras dificultades o nos prestó palabras para superar un obstáculo con inteligencia emocional, con compasión o solidaridad? ¿Eso no sucedió? Pues bien, entonces aún tendremos que descubrir el terreno de la conciencia de nuestros propios escenarios. Difícilmente podamos compartir nuestra **propia verdad** si seguimos repitiendo los **discursos engañados familiares**.

Si aquello que pensamos sobre nosotros mismos no es la verdad, ¿cómo la encontraremos? Precisamos una **hoja de ruta fiable**. Yo propongo el sistema de indagación personal que he denominado «la construcción de la **biografía humana**». Por supuesto no es el único sistema fiable. Pero advierto que en el universo de la psicología, a pesar de la exagerada buena reputación que mantiene, hay pocos profesionales suficientemente libres de preconceptos para trabajar **a favor de la verdad**. Es decir, persiguiendo el objetivo de abordar con la lente más ampliada posible, un escenario lógico. Ni bueno ni malo. Ni justo ni injusto. Simplemente, tenemos que comprender «cómo suceden las cosas» antes de pretender cambiar algo en nuestra vida o en la vida de los demás.

Fuera de la psicología convencional, sí existen múltiples herramientas y guías para el conocimiento de sí mismo. De hecho, han existido siempre, en todas las épocas y en todas las culturas, religiones y morales que nos han ayudado a organizar la vida de los seres humanos en la Tierra. Sin embargo, la mayoría de los preceptos disponibles que nos han llegado a través de los grandes maestros, los olvidamos en nuestra práctica cotidiana. ¿Por qué? Porque **no hemos sido amados cuando fuimos niños en la medida en que lo necesitábamos**. Esa ha sido la peor traición, y la mayoría de los individuos no podemos superarla. En primer lugar, porque no hemos comprendido que eso que nos pasó **ha sido**

terrorífico para el alma infantil. No lo hemos comprendido porque **nuestra madre opinó otra cosa**: nuestra madre opinó que ella lo pasó peor cuando era niña. ¿Es verdad? Sí, claro. Sin embargo, cuando nosotros éramos niños, nuestra madre ya se había convertido en adulta y tenía la oportunidad de comprenderse y no desplegar en la siguiente generación (en nosotros) las consecuencias del desamor.

Nosotros somos ahora adultos y podríamos continuar con la tradición de nuestros antepasados: delegar en la siguiente generación la falta de conocimiento de nosotros mismos y la ceguera que traemos asociada; total, estamos seguros de que los niños de hoy no sufren tanto como hemos sufrido nosotros. Hoy tienen internet a su disposición, mayor consumo, redes sociales, televisión hasta en el coche cuando salimos de vacaciones y actividades a granel. Más no pueden pedir. ¿Es verdad? No, no es verdad. Es una mentira piadosa que nos contamos a nosotros mismos para no asumir esa porción de dolor por el desamor sufrido cuando éramos niños. Salvo que hoy tendríamos la posibilidad de revisar ese pasado para no trasladar nuestro vacío a las próximas generaciones. De hecho, la decisión de cortar en algún momento las cadenas de incomprensión, desamor y ceguera están al alcance de quien quiera. Podemos ser nosotros. O será nuestra descendencia en el futuro.

En busca de la verdad interior

¿Qué se requiere para cortar la cadena transgeneracional de cegueras? En primer lugar, la intención de **revisar el desam-**

paro de nuestra infancia observando con compasión y valentía todo aquello que sucedió. No se trata de culpar a nadie, al contrario. Precisamos comprender cómo nuestra alma infantil se distanció de su yo, tomando como ciertas las palabras dichas por los adultos, especialmente por nuestra madre, hasta omitir todo vestigio de dolor.

Nuestra madre nunca dijo: «Tienes razón en llorar para reclamar atención, porque no me siento capaz de colmarte tanto como genuinamente necesitas». No. Nuestra madre dijo: «Pides mucho». O en todo caso «eres un caprichoso». ¿Es verdad lo que dice? No. Es la **opinión subjetiva de nuestra madre**, sostenida por su propio desamor, sus agujeros emocionales y sus necesidades infantiles aún no colmadas. Pero si nuestra madre está históricamente necesitada, ¿cómo podría colmarnos a nosotros? Comprendiéndonos. Haciendo consciente su realidad emocional pasada y decidiendo sostenerse en la mirada ampliada de todo el escenario del que hizo parte. Eso no sucedió porque nuestra madre, pobre, se pasó la vida trabajando para darnos de comer. Muy bien, entonces nos ha delegado esa responsabilidad a nosotros.

¿Quién es responsable, a fin de cuentas? Cualquier adulto que lo decida.

Observemos que los niños nunca somos responsables. Los niños somos dependientes del cuidado de los mayores. A lo sumo somos capaces de reaccionar automáticamente contra las vivencias de desamparo, violencia, soledad o abandono. Esa reacción es un recurso innato para asegurarnos la supervivencia física y emocional. Los niños esperamos el cuidado y la protección de los mayores y cuando eso sucede, fluimos amorosamente en la medida en que seamos bienvenidos en el corazón de nuestros padres.

En cambio, cuando devenimos adultos, sí tenemos la responsabilidad de abordar, en primer lugar, nuestra propia **biografía humana**. A medida que observemos la **dimensión del desamparo sufrido** y podamos encontrar nuevas palabras para expresar esas vivencias que encajan en nuestra alma infantil herida, las sensaciones van a empezar a acomodarse como si fueran piezas de un rompecabezas. Un profesional formado en la construcción de la **biografía humana** (un behacheador) **relata** con palabras sencillas escenas que el individuo no hubiera podido explicar porque no las recuerda. ¿Por qué no las recuerda? Porque nadie se las ha narrado así. Por lo tanto, no se han podido organizar en la conciencia.

Los recuerdos se establecen si hay un **orden**. Por ejemplo, frente a una imagen de una «sopa de letras» (muchas letras dispersas sin orden alguno), no podremos recordar la posición de las letras, pero si las ordenamos formando palabras y esas palabras las ordenamos formando frases, sí será posible crear un recuerdo porque la «construcción ordenada» tiene sentido.

En la conciencia pasa lo mismo. **Si no hay orden, no podemos recordar**. De hecho, es posible no recordar escenas que sí hemos vivido pero que no fueron explicadas (por ejemplo, los abusos sexuales durante la niñez), y, en cambio, recordar algo que no ha acontecido, pero que sin embargo sí fue relatado (por ejemplo, la importancia de algún personaje admirado por los adultos a quien tal vez no hemos conocido).

Un profesional formado, un behacheador, cumple el rol que tendría que haber cumplido un adulto consciente cuando éramos niños: va preguntando con sutileza y **con espíritu de detective** hasta dar con la tecla y va comprobando que aquello que estamos abordando **coincide** con sensaciones internas y legítimas. ¿Cómo sabe el profesional si lo que va diciendo está relacionado con la verdad? Porque los pacientes lo sabemos de inmediato. Justamente se activa el **registro interno**, la certeza de que algo dicho por otro **coincide** plenamente con sensaciones, vivencias y sentimientos que siempre estuvieron presentes en nuestro ser interior, pero no habíamos encontrado un orden lógico para comprenderlos. Ahora tienen un nombre. Se llama desarraigo. O miedo. O soledad. O anhelo de ser amado. O lo que sea.

¿Qué hacemos una vez que hemos recordado, ordenado, observado y dimensionado el desamor de nuestra infancia? No hay nada que hacer con urgencia, porque simplemente estamos empezando a entrar en contacto con nuestra **verdad interior**, que es el conjunto de **vivencias legítimas** que fueron descartadas con posterioridad por nuestro **yo engañado**. Posiblemente porque no encajaban con el personaje que nos protegía. Por ejemplo, si nos hemos convertido en el salvador de nuestra madre y en el responsable de toda la familia, no hemos obtenido habilitación para sentir miedo o timidez. Al contrario, el temor iba destinado a nuestro hermano menor que se enredó en sus depresiones. Si hemos ignorado el propio miedo y hemos salido al mundo a ganar batallas para que nuestra madre nos admire... no recordaremos ninguna escena relacionada con el miedo. Eso no significa que siendo niños jamás hayamos atravesado situaciones de peligro u obstáculos demasiado complejos para afrontar, solo que, si acontecieron, no podemos recordarlas porque nuestra madre nunca nos llamó miedosos, sino intrépidos.

Abordar con mirada ampliada nuestra propia infancia nos puede llevar un buen tiempo, sobre todo si la distancia entre nuestras vivencias y lo que nos ha sido contado es muy amplia. Una vez que nos reconocemos, podremos compadecernos del niño que fuimos y, llegados a ese punto, estaremos abiertos para sentir aquello que siente otro. Puede ser nuestra pareja, nuestro hermano, nuestro vecino o nuestro hijo. Sin opiniones, sin juicios sobre lo que está bien o está mal. Solo dispuestos a sentir, a vibrar con aquello que el otro siente ¡incluso si ese otro no reconoce lo que siente!

La intimidad emocional: un obstáculo frecuente

¿Revisar nuestra infancia es todo lo que tenemos que hacer? No, es apenas un primer paso. Toda la metodología para abordar una **biografía humana** está descrita, por lo tanto invito a mis lectores a revisar mis libros ya publicados. En este texto quiero poner especial énfasis en la **tergiversación** y en la mentira presentes en nuestra vida, tanto en el pasado como en la actualidad. De hecho, a los adultos no nos llaman la atención ni relacionamos los gritos desesperados de los niños reclamando coherencia, mientras pretendemos que encajen la realidad externa a la fuerza.

Quiero decir que acercar la verdad a los niños solo será posible si abordamos primero la propia. ¿Cómo sería hablar con la verdad? Permaneciendo en **intimidad emocional** con los hijos. ¿Y cómo se hace eso? Nos lo preguntamos porque desconocemos todo lo relativo a la intimidad emocional, ya que vivimos vidas superficiales. La superficialidad es otro recurso eficaz para no enloquecer a causa de la distancia entre nuestras vivencias internas y lo que hemos organizado a lo largo de nuestra vida, a partir de las palabras no dichas o bien engañosas de nuestros padres cuando éramos niños.

Veamos un ejemplo. Una paciente, a quien llamaremos Sara, tiene un bebé de diez meses y a su suegra le acaban de diagnosticar un cáncer de huesos con mal pronóstico. La reserva y la discreción son valores arraigados en la familia de su cónyuge. Nadie habla abiertamente sobre nada, mucho menos sobre una enfermedad grave. Sara siente mucho cariño por la madre de su esposo y prefiere respetar la modalidad familiar estando disponible para ayudar, acompañar o facilitar trámites médicos o farmacológicos. Aún le da de mamar a su hijo y se pregunta cómo debe estar viviendo el pequeño Francisco la tristeza que la inunda. Sara pregunta qué hacer. ¿Tiene que contarle al niño lo que está sucediendo? ¿Acaso eso no sería traicionar la petición expresa de la familia de su esposo? Por otra parte, la criatura es aún un bebé, obviamente todavía no habla y no cambia nada si se le explica o no se le explica. ¿Hay que decirles todo a los niños? ¿Cuál es el límite?

Desde una mirada simple, y «gutmaniana», diremos que el niño vive dentro de la **fusión emocional** de su madre, por lo tanto, **siente** la tristeza, la angustia o el dolor. Siente lo mismo que la madre. Es la misma agua. Es la misma temperatura. Es el mismo territorio. El niño ya lo sabe, aunque le sería útil que la madre expresara con palabras claras lo que sucede para que pueda organizar aquello que en su vivencia interna ya sabe. Hasta aquí, lo obvio.

Desde una mirada más ampliada observaremos que Sara se emparejó con un hombre que ha aprendido desde siempre a callar, a ignorar sus sentimientos, a arreglarse solo con sus vivencias internas y a no disponer de palabras que expliquen nada. Al menos, nada relativo a su universo emocional. Tendremos que revisar entonces la **biografía humana** de Sara, su infancia, sus propios escenarios, el personaje que le ha dado amparo y toda la política vincular, hasta comprender cuáles son los puntos de encaje con su pareja. Cómo les han servido a ambos los silencios, los secretos, las verdades no dichas y la distancia afectiva. Será menester comprender con una lente ampliada la política de los escenarios que han construido juntos, el riesgo de intimar demasiado y la tranquilidad que les ha suministrado no entrar tan profundamente en la interioridad de cada uno. Ambos han ignorado sus dolores y sus pérdidas, pero tal vez en el seno de la pareja esos detalles no se han compartido.

Hasta ahí salen las cuentas. Han tenido un niño saludable que es criado en armonía y sin grandes conflictos. Pero resulta que Sara no ha tenido oportunidad, hasta ahora, de adentrarse en sus zonas oscuras ni de sacar a la luz realidades no reconocidas.

Resulta que Sara se pregunta si el impacto por la noticia de la enfermedad de su suegra le compete al niño. Piensa en teoría, porque lo ha leído en mis libros, que los niños tienen derecho a la verdad. Y desde la lógica mental está de acuerdo. Pero no le sale espontáneamente compartir esa vivencia con su hijo, no sabría cómo hacerlo ni para qué.

He aquí un asunto importante: no tenemos experiencias concretas sobre **compartir** con **intimidad** nuestros territorios emocionales. Creemos que lo que nos pasa, nos pasa solo a nosotros sin que el otro esté involucrado. Pero resulta que emocionalmente estamos mucho más entrelazados de lo que suponemos. El fenómeno de **fusión emocional** simplemente existe entre toda cosa viva. Entre una madre y un hijo, la fusión emocional se manifiesta en su máxima potencia ya que es absoluta, completa y total. Por eso, aquello que el niño siente como propio va más allá del impacto por una noticia actual, pues está contenido dentro de la totalidad de nuestras experiencias, las recordemos o no. En este ejemplo, la historia de los silencios, las angustias no compartidas, los miedos por las pérdidas del orden que sean, la aparición de enfermedades o la simple distancia afectiva que surge como reacción al dolor... todo eso constituye el acceso a nuestra verdad.

Entonces ¿Sara tiene que explicarle al niño que su abuela está muy enferma? Eso es lo menos importante. Es una pequeña verdad que está contenida dentro de un encadenamiento de verdades que constituyen un escenario más amplio en el que podríamos reconocernos todos, si nos mirásemos en él. Lo que Sara podría hacer es observar ampliamente todo su escenario y esa actitud le permitiría luego vivir espontáneamente **en la verdad**. Entonces hablaría de la enfermedad de su suegra, pero también del dolor y de la esperanza, de sus anhelos y de sus temores, todo el tiempo y a cada rato porque formarían parte de su ser. Y en esa intimidad de corazón abierto, el niño pequeño crecería con conciencia, es decir, con palabras que nombrarían los estados emocionales ampliados, tanto los suyos como los de su madre, los de sus compañeros de escuela o los de sus vecinos. Luego, el acceso a la **verdad interior** se convertiría en una costumbre cotidiana.

Organización de la locura

Ningún niño nace loco.

Todo desequilibrio mental es **adquirido**. Eso significa que algo **nos ha sucedido** siendo niños y que hemos reaccionado de alguna manera a eso que nos ha ocurrido.

La locura es un concepto difícil de definir, porque ¿qué significa estar locos? En principio, significa que tenemos un modo **tergiversado de abordar la realidad**. Si una persona nos sirve una taza de café y creemos que esa taza contiene veneno y quiere matarnos, es probable que alguien en nuestro entorno dictamine que estamos locos. Sobre todo si analizamos el café y no hay rastro alguno de veneno y tampoco hay motivos para que alguien quiera hacernos daño. Aun así, nosotros estamos seguros de que tomar ese café resultaría peligroso.

Los diagnósticos de enfermedades mentales abarcan un rango enorme de manifestaciones; sin embargo, me interesa describir cómo vamos logrando que una mente **nacida pura y sana «enloquezca»**. Veremos también que los diferentes diagnósticos no sirven para gran cosa salvo para calmar a aquellos que estamos alrededor del individuo supuestamente desequilibrado. También para apartarlo de nosotros, encerrarlo y distanciarlo amparados en una supuesta legalidad.

La intensidad emocional de los niños

Hemos dicho que en nuestra civilización es **muy difícil encontrar a un niño recién nacido que reciba de su madre el nivel de amparo, dedicación, ternura y cobijo que espera, en sintonía con las vivencias que ha tenido durante los nueve meses que ha crecido dentro del vientre materno en los que ha experimentado un estado de absoluto confort.**

Los niños nacemos y no solo **no** nos encontramos en brazos de nuestra madre, sino que las reacciones vitales que generamos para intentar atraerla (llantos, gritos, enfermedades o erupciones en la piel) a veces logran el efecto contrario: ella no solo aparece para acunarnos, sino que además está tan molesta que explica eso que nos pasa con palabras muy alejadas de nuestra propia realidad. A medida que crecemos nuestra madre dirá: «eres tonto» o bien «eres insoportable» o «eres tan maduro que deberías ocuparte de tus hermanos, porque eres mayor y ellos son pequeños» o «yo he sufrido mucho y tú no tienes motivos para exigir más de lo que ya obtienes» o «estás sobreprotegido». En fin, todas esas palabras surgidas del **yo engañado** de nuestra madre, organizadas por un cúmulo de cegueras, juicios y preconceptos transmitidos de generación en generación sin que medie ningún contacto con la realidad interior de nadie, hacen estragos. Porque **explican hechos que no son verdaderos.** No es verdad que seamos tontos. No es verdad que seamos maduros, aunque tengamos hermanos menores. No es verdad que hayamos obtenido todo lo que necesitábamos. No es verdad que nos hayan sobreprotegido.

Desde nuestra primera infancia, eso que nuestra madre dice es **no verdad**. Por lo tanto, es difícil abordar la **realidad real** sin la mediación de las palabras de los adultos que nos permitirían aprehenderla. Hasta aquí, lo habitual. Ahora veamos lo que sucede en la mayoría de las familias.

Cuando nacimos, desplegamos una potencia y una intensidad emocionales impresionantes. Por nuestra parte, las madres, apenas terminamos de parirlos y aun deseando amar a nuestros hijos, nos sentimos agotadas y atemorizadas a causa de esa intensa demanda fusional. ¿Por qué? Porque si las mujeres que hemos devenido madres provenimos de historias de desamparo, soledad, violencia o maltrato, vamos a **enfriar para no sufrir** todo lo referente al territorio afectivo. Hemos dedicado muchos años de nuestra vida a crear la distancia necesaria respecto de las manifestaciones afectivas: hemos trabajado, hemos mantenido tal vez buenas relaciones de pareja... pero el niño pequeño demanda una intensidad pasional que nos deja absortas. Queremos huir de esa demanda porque nos trae recuerdos de nuestra propia hambre de fusión cuando éramos niñas. Algunas madres escapamos, físicamente, o desconectando nuestras emociones aunque nos quedemos en casa. Otras nos violentamos porque sencillamente no toleramos la demanda.

La violencia explota muy a menudo. Por supuesto que el *continuum* de la violencia está instalado desde tiempos remotos en nuestra línea genealógica ascendente. No estoy culpando a nadie. Estamos tratando de mirar las realidades ampliadas de nuestros escenarios. Yo estoy segura de que **la peor violencia es la violencia del desamparo cuando somos niños pequeños**. Luego todos nosotros **perpetuaremos** esa violencia aunque nuestra reacción tome diferentes formas.

¿Podemos definir qué es poca violencia o mucha violencia? No. **La violencia es violencia** aunque a veces se defina a través de modos más visibles como golpes, palizas, castigos o asesinatos; y otras veces tome formas menos visibles como el abandono, la humillación, el descrédito o la depresión. Esto está detalladamente descrito en mi libro *Crianza: Violencias invisibles y adicciones*, Barcelona, RBA, 2007.

Los niños no estamos preparados para recibir violencia bajo ninguna forma porque nacemos amorosos.

Por lo tanto, cuando los niños somos maltratados en un nivel que no podemos tolerar porque preferiríamos morir antes que vivir en esa realidad hostil, a veces, no siempre, solo a veces, los niños **desconectamos**. ¿Cómo lo hacemos? Es fácil, decidimos sutilmente que **eso que pasa, en realidad, no pasa**. Por otra parte, nuestra madre lo confirma. Ahora bien, si hay algo que pasa pero nosotros decidimos que no, ¿acaso no es **tergiversación de la realidad**? ¿Eso no es locura? Y si eso es locura, ¿no estaremos todos locos? Tal vez, tal vez...

Hay una misteriosa línea entre quienes no toleramos ciertos niveles de maltrato y quienes nos adaptamos haciendo uso de diversos mecanismos. También hay diferencias entre violencias tolerables y niveles de violencia intolerables. Aunque ¿quién puede dictaminar el nivel 4, el nivel 15 o el nivel 100? ¿Por qué algunos niños toleran el nivel 96 y otros no toleran el nivel 47?

La cuestión es que algunos niños somos extremadamente sensibles (en términos astrológicos, podríamos decir que estamos hechos de «agua», o que tenemos muchos elementos de agua en nuestra matriz energética: cáncer, escorpio, piscis, neptuno) y el dolor frente a la violencia de nuestra madre es inaguantable. Entonces reaccionamos con furia. Es posible que la violencia de nuestra madre roce la crueldad (la crueldad sobre los niños es banal en nuestra civilización, no vale la pena que nos horroricemos). He ido detectando que cuando hay **altos niveles de crueldad** sobre un niño con **alta sensibilidad**, el resultado es desgarrador.

LA DESESPERACIÓN MANIFESTADA

En principio, los niños de entre cero y siete años lloramos mucho. Tenemos berrinches, intentamos por todos los medios explicarle a nuestra madre que sufrimos en la escuela, que nos dan miedo los gatos, que el abuelo nos hace daño, que nos aterroriza quedarnos solos, que hay monstruos detrás de las ventanas, que los mosquitos nos pican escondidos entre las sábanas, que la maestra nos grita, que soñamos que nos morimos, que tenemos un nudo en el estómago y no podemos pasar la comida, que si la comida pasa nos duele la tripa, que queremos quedarnos en casa, que no queremos jugar con niños que nos pegan, que estamos desesperados y solo anhelamos un abrazo. Sin embargo, vamos a la escuela, nos cruzamos con los gatos, nos quedamos a dormir con el abuelo, pasamos muchos ratos solos, nadie nos defiende de los monstruos, nadie mata a los mosquitos, estamos desprotegidos frente a la maestra, comemos asqueados todo el plato de comida y no sabemos cómo conseguir un abrazo. Es tal la desesperación y las amenazas recibidas por los berrinches que tuvimos en el autobús el domingo pasado, que nuestra madre y nuestro padre han sistematizado los castigos. Ahora pasamos mucho tiempo solos en nuestra habitación sin poder mirar la tele y sin comer en familia. Luego crecemos y nos volvemos taciturnos. En la escuela no tenemos amigos. Preferimos encerrarnos con nuestros jueguecitos electrónicos para que nadie nos moleste. Aislados y sin interés por los vaivenes familiares, nuestra madre y nuestro padre nos consideran tontos. Solo querríamos obtener el último juego electrónico que apareció en el mercado. Nuestra madre y nuestro padre jamás lo comprarán, ya que estamos castigados. Hasta que un buen día, con trece años y la amenaza por parte de los adultos de dejarnos solos en casa del abuelo, nos da un berrinche fenomenal. La diferencia es que ya medimos un metro sesenta. Nos hemos tirado al suelo pretendiendo sacarnos la ropa y los zapatos, pataleando para que nadie se acercara. En medio de la descarga de ira apareció algún tío que fue testigo. Ese tío llamó al médico. El médico llamó al psiquiatra y nos volvimos a casa con un **diagnóstico de brote psicótico** y una lista de medicamentos que nuestra madre fue a comprar. Nuestra madre está inusualmente calmada porque ya obtuvo respuestas: ahora encontró el significado esperado para justificar nuestras descargas: «estamos enfermos» y por eso éramos indomables. La explicación le acerca la tranquilidad que esperaba. Ya está. Con la medicación no tendrá que tolerar más berrinches, porque resulta que no eran berrinches, sino «brotes».

¡Problema resuelto! Hemos inventado a un loco.

Por supuesto, nadie miró un poco más allá. **Desde que nacimos, nunca nadie se puso en nuestra piel, nadie sintió nuestro abandono, nadie escuchó las amenazas de nuestra madre diciéndonos que no deberíamos haber nacido, nadie fue testigo de las palizas con una pala embarrada que nos dio nuestro padre con el aval de nuestra madre. Nadie contuvo a nuestra madre para que no descargara su furia sobre nosotros cuando encontró a nuestro padre con otra mujer. Nadie apoyó a nuestra madre para que nos dijera una vez, al menos una sola vez en la vida, una palabra cariñosa. Nadie le acercó a nuestra madre una propuesta original de buen trato, porque ella misma no lo había aprendido. Nadie le propuso que revisara sus carencias, su impaciencia ni su maltrato. Nadie se nos acercó en la escuela ni en el vecindario para preguntarnos qué nos gustaría hacer. Nadie nos calmó en medio de un berrinche desesperado, más bien al contrario, todos los adultos se apoyaron entre sí acusándonos de malcriados y malnacidos. Y nosotros, aún niños, hemos resistido a base de golpes, gritos y patadas. Hasta que la fuerza de la medicación psiquiátrica nos acalló.**

LAS BATALLAS ENTRE NUESTRO SER ESENCIAL Y LA MEDICACIÓN PSIQUIÁTRICA

La medicación psiquiátrica nos succiona la fuerza vital. Nos deja blandos, apagados y atontados. Al menos, dejamos de ser un peligro para los demás y, según las voces eruditas, dejamos de ser peligrosos para nosotros mismos. Aunque el único peligro es **la fuerza de nuestra voz interior** que surge del fondo de nuestro ser. Estamos llenos de rabia y de desesperación porque anhelamos ser amados. Ese es el grito que gritamos y que parece asustar tanto a los demás, aunque nadie se asustó en el pasado por la violencia ejercida sobre nosotros en el seno de nuestro hogar.

Una vez **diagnosticados**, atravesamos la adolescencia entre la compasión de nuestros pares porque «estamos enfermos» y nuestra propia condescendencia, porque también creemos que «estamos enfermos»; por lo tanto, nos volvemos dependientes de las visitas psiquiátricas, pues suponemos que tenemos que acatar aquello que los demás nos indican y minimizar los llamados causantes de angustia de nuestras certezas internas, ya que se supone que esos «ataques» internos son los causantes de nuestra locura. Todo esto es un despropósito. Las convenciones nos invitan a dejar de lado las únicas certezas internas para seguir los cánones de las voces externas: padres, médicos, buenos modales y mentiras a granel.

Las visitas al psiquiatra tampoco son lugares de encuentro, de diálogo ni de comprensión del yo. Nadie investiga los maltratos históricos de nuestra madre, mucho menos sus furias ni sus desbordes. No aparece ninguna invitación para mirar de manera ampliada nuestros escenarios. No, qué va. Es un trámite en el que se nos formulan algunas preguntas según un protocolo despersonalizado y luego nos cambian la medicación o nos aumentan la dosis de lo que ya ingeríamos. Después acordamos una nueva cita para el mes siguiente mientras todo esté bajo control, es decir, **sin conexión con nuestra desgarradora necesidad de amor.**

A veces sucede algo interesante: el cuerpo va metabolizando la medicación, es decir, se va acostumbrando. En algún momento no estamos tan atontados. Reaparece una pequeña **señal de lucidez emocional**. A través de esa sutil grieta volvemos a sentir la rabia, la desesperación por ser amados, el anhelo por ser tomados en cuenta, las ganas de gritar a los cuatro vientos lo que nos pasa aunque no contemos con esas palabras que tanto precisamos. Entonces reaccionamos. Hacemos algo fuera de lo común para demostrarnos que estamos vivos. Nos tiramos del primer piso. Gritamos como locos a los pasajeros del tren. Nos burlamos de las cirugías estéticas marcadas en los rostros de las mujeres que pasan por debajo de nuestra ventana. Gritamos palabras subidas de tono. Nos reímos a carcajadas. Reunimos nuestros zapatos y se los regalamos a los vagabundos que viven en la calle y volvemos a casa descalzos. Diagnóstico: nuevo brote psicótico. Encierro. Nueva medicación. Más soledad, aislamiento e incomprensión. Hasta que nosotros mismos estamos seguros de que no somos de fiar y que sin medicación no podemos vivir. Nos da miedo salir a la calle si no hemos ingerido todas las dosis prescritas.

Es muy fácil **convertir a cualquier criatura sensible en loca** apenas roza la adolescencia y tiene fuerza vital suficiente para gritar aquello que fue acallado cuando era niño. La pregunta es por qué no estamos todos desequilibrados si todos provenimos de historias de diferentes niveles de maltrato. No cuento con una sola respuesta. Por ahora estamos observando decenas y decenas de **biografías humanas** con mente de detectives, poniendo énfasis en: 1) el nivel de crueldad de las madres; 2) la distancia entre lo que la madre ha dicho y la vivencia interna del niño; 3) la extrema sensibilidad de algunos niños; 4) la fuerza vital del niño que necesita expresar la contradicción entre su yo y el entorno, y 5) los niños que no se resignan a adaptarse a la violencia.

Cuando coinciden estas variables en un solo **escenario**, la aparición de las reacciones aparentemente exageradas de los niños (a ningún adulto le gustan los berrinches de un niño en un supermercado porque quiere una chocolatina que no le hemos comprado) nos llevan a pensar que a ese niño le pasa algo, que ese niño está equivocado. Con frecuencia miramos la última escena de la película (el berrinche) en lugar de revisar la **película completa** (la vida entera de ese niño **maltratado, abandonado, ninguneado y despreciado por su madre**). Luego suponemos que son los niños quienes deberían cambiar sus actitudes con un poco de buena voluntad y que los adultos no tenemos nada que ver.

¿LOCURA O DOLOR POR NO HABER SIDO AMADOS?

Empecé a interesarme por estos temas hace muchos años cuando aún atendía personalmente a mis pacientes. En algunas **biografías humanas** aparecían hermanos/as esquizofrénicos/as de mis pacientes. Eran datos que salían de pasada. En esos casos, me daba cuenta de que no habíamos abordado con suficiente profundidad la violencia y la **crueldad materna** durante esas infancias; por lo tanto, solía volver sobre esas cuestiones y en la totalidad de los casos efectivamente encontraba niveles de violencia impresionantes, aunque naturalizados en el relato. La pregunta que me formulaba era por qué mis pacientes parecían personas coherentes si provenían del mismo desastre que sus hermanos/as esquizofrénicos/as. Durante años, simplemente investigué los alcances de **la crueldad de las madres**, y he ayudado a recordar escenas tan terroríficas que, si las transcribiera, los lectores creerían que son inventadas. De todas maneras, empecé a sospechar que las supuestas esquizofrenias de los hermanos/as de mis pacientes eran **maneras posibles de sobrevivir a la crueldad**. En casi todos los casos, esos hermanos habían sido los principales **denunciantes de lo que acontecía en casa**, por lo tanto, fueron **ferozmente castigados y reprimidos**. Dibujando los mapas completos de las organizaciones familiares, llegábamos a la conclusión de que mis pacientes se habían protegido saliendo tempranamente de esos ámbitos o bien **rigidizando** al máximo sus emociones, **escindiendo** el campo emocional y elevando toda la libido hacia la mente. Describiré en los próximos capítulos estos mecanismos.

¿Por qué insisto con **la violencia y la crueldad materna** y no me dedico a hablar de los padres, a quienes en la mayoría de los casos recordamos como las peores bestias de nuestra infancia?

Porque, sobre la violencia de nuestro padre, nuestra madre nos habló durante toda la niñez. Entonces la podemos recordar y aceptar. Ese es un orden que coincide: el relato con la realidad. En esos casos, **no precisamos tergiversar la realidad** porque eso que nuestra madre decía: «Tu padre es un animal», coincidía con las palizas que recibíamos. En cambio, nuestra madre **no habló de** la violencia que ella impartía, por lo tanto, **no la podemos recordar**. De todas maneras, suponiendo que nuestra madre no haya ejercido violencia física directamente sobre nosotros, como mínimo fue quien nos entregaba para que nuestro padre descargara su furia sobre nosotros, los niños. **Imposible que nuestro padre haya sido violento con nosotros sin la anuencia, la entrega y el aval de nuestra madre**.

Hay algo más. La violencia es violencia y podemos juntar rabia, rechazo o deseos de venganza. Podemos odiar a nuestro padre si eso nos hace sentir bien. Pero si nuestra madre, que es la única persona en el mundo en quien necesitábamos confiar y de quien precisábamos beber la sustancia nutricia, ha sido nuestra **principal depredadora, la psique no lo puede tolerar**. Por eso **la psique se desordena. Se desequilibra. Enloquece**.

Es totalmente **contrario a la naturaleza humana** que la madre, fuente de placer, gozo, alimento, cobijo, protección, ternura y compasión, sea quien nos destruya, nos mate, nos incrimine, nos desproteja y nos odie. **La psique no puede vivir el amor y el desamor al mismo tiempo**. Por eso **cuando nuestra madre ha sido nuestra principal depredadora**, los niños tenemos que **desconectar de esa realidad y crear una realidad paralela**: necesitamos inventar que nuestra madre nos ama. Y si aparece una escena en la que nuestra madre no nos ama, la tergiversamos, la desnaturalizamos y la acomodamos a algo tolerable para calmarnos. Esta es otra manera de comprender la **organización de la locura**. En todos los casos, la locura, y todos sus diagnósticos que son el mismo, responden al **dolor por no haber sido amados y cuidados por nuestra madre como lo hubiéramos necesitado**.

Llegados a este punto, comprenderemos que toda medicación psiquiátrica intenta calmar la angustia, adormecer el dolor por no haber sido amados. Pero por supuesto no mitiga el dolor, solo lo anestesia un rato. El problema es que no estamos abordando la verdad: la verdad sería el escenario completo de los orígenes de nuestra madre y la violencia a la que estuvo sometida siendo niña, su incapacidad para comprenderse, luego su ignorancia sobre los asuntos amorosos y la descarga inconsciente sobre nosotros, sus criaturas indefensas. Esa podría ser una primera aproximación a la verdad, por lo tanto, a la comprensión de nosotros mismos y al encastre entre la realidad externa y la realidad interna. **Cuando encaja, la psique se calma. Cuando no encaja, la psique se desestabiliza.** En todos los casos con relación a los jóvenes o adultos diagnosticados de enfermedades mentales, solo tendríamos que explicar con palabras verdaderas aquello que el individuo sabe en su interior con total certeza, pero que el mundo exterior interpreta de un modo alejado o tergiversado.

Si hiciéramos la prueba y preguntáramos a cualquier individuo diagnosticado como psicótico, esquizofrénico o similar, nos hablaría con absoluta franqueza sobre sus padecimientos durante la niñez. Claro que, si esa persona tiene treinta, cuarenta o cincuenta años, podemos otorgarnos la libertad de no creerla, sobre todo si relata situaciones que parecen exageradas, incluso delirantes. ¿Cómo saber si lo está inventando? Tendremos que revisar si la persona está demasiado drogada después de años de ingesta de medicación ininterrumpida y también tendremos que abordar la totalidad de su **biografía humana** hasta detectar las coincidencias y la lógica del mapa completo.

Volvamos a observar las escenas antes de que un niño o adolescente sea medicado por sus berrinches. Por ejemplo,

Juan Cruz tiene berrinches todas las mañanas antes de ir a la escuela. No le gusta levantarse de la cama, no le gusta tomar el desayuno, golpea a sus hermanos si lo molestan y le suplica a la madre cada día, antes de salir, que quiere quedarse en casa y que se va a portar bien si le permite faltar. La madre hace oídos sordos.

Obvio que va a la escuela y que, si insiste con no querer ir, recibirá castigos. Ha visitado algunos psicólogos que aseguran a la madre que ese niño necesita límites. Así pasan los años. Juan Cruz detesta ir a la escuela, para colmo va de lunes a viernes desde las siete y media de la mañana hasta las cuatro y media de la tarde. Una eternidad. La madre sigue haciendo consultas, supuestamente buscando una solución para ese niño, ya que nadie le sugiere mirarse a sí misma, y los profesionales le garantizan que el niño debería hacer algún deporte porque tiene que descargar sus excesos hormonales. Por lo tanto, la madre lo deja en la escuela hasta las siete de la tarde aprovechando las actividades de fútbol y básquet. A Juan Cruz no le gusta quedarse en la escuela y le sigue pidiendo a la madre faltar de vez en cuando. Siguen pasando los años. Juan Cruz se está convirtiendo en un preadolescente, sigue detestando ir a la escuela, no tiene amigos ni en la escuela ni fuera de la escuela, ya que es un niño «difícil». Los maestros lo comparan con sus hermanos mayores que han estudiado en el mismo colegio y no han tenido dificultades. La madre sigue teniendo buenas intenciones, quiere que Juan Cruz sea un joven normal y que deje de molestar, pues tiene todo lo que un chico necesita: una familia normal, un padre que trabaja, una madre que se ocupa de los niños, una situación económica razonable, un colegio privado, vacaciones en el mar todos los veranos y una familia extensa con primos de su misma edad. Juan Cruz cumple quince años, es inteligente, en la escuela le va bien aunque sigue pidiendo, con desesperación, no ir más. Un día, la hermana menor lo encuentra golpeándose la cabeza contra la pared hasta sangrar y cuando la madre quiere intervenir, Juan Cruz le grita: «No te acerques porque te voy a matar».

¿Qué hizo la madre con el aval del esposo, familiares, maestros, psicólogos y médicos? Está claro que todos han determinado, de común acuerdo, que ese chico es un peligro para sí mismo y que empezarán recetándole «algo suave».

Aferrarnos a pensamientos convencionales o sentir al niño real

Me detengo en este punto. ¿En qué momento podemos parar este sinsentido colectivo antes de que Juan Cruz sea medicado? En cualquier momento, incluso cuando se está golpeando la cabeza después de quince años de no saber cómo lograr que su madre lo entienda, lo sienta, lo avale o lo quiera. Bastaría con decirle: «Juan Cruz, si no te gusta ir a la escuela, no vayas». Fin del asunto.

¿Es imposible? ¿Acaso los chicos no tienen que ir al colegio? ¿Hay que mandarlos a la escuela menos horas? ¿Hay que buscar una escuela donde se sientan bien y tengan amigos? ¿Cuál es el límite entre escuchar a los chicos y que hagan lo que les dé la gana? ¿No es esta alternativa una exageración?

Todo esto y mucho más pensó la madre de Juan Cruz inmediatamente y, por supuesto, lo hemos pensado todos los lectores automáticamente al leer este texto. Nos parece una **locura** imaginar que un chico inteligente deje de ir a la escuela. Todos estamos de acuerdo con que sería un despropósito.

Lo interesante es que pensar algo que queda fuera de nuestras convenciones y nuestras rigideces obsoletas nos parece un despropósito... pero no sentir, no escuchar, no avalar, no preguntar, no sintonizar ni acompasar a un niño que viene gritando algo desde el fondo de su ser desde que ha nacido, eso nos parece normal. No vemos ningún problema ahí. Si hubiéramos sido capaces desde el inicio de estar en sintonía con las necesidades básicas de Juan Cruz y si no hubiéramos desmerecido lo que le pasaba, que él decía que le pasaba pero que su madre decía que no le pasaba... nos hubiéramos ahorrado muchos disgustos posteriores. Claro que en esta historia no hay nada fuera de lo normal. Es común. Al fin y al cabo, a ningún niño le gusta ir a la escuela. Ahora bien, que a ningún niño le guste ir a la escuela, pero que todos los niños vayan igual, **¿eso habla de nuestra cordura como sociedad?** ¿O de una ceguera colectiva que nos lleva a un desequilibrio general que no registramos?

Y volviendo al caso de Juan Cruz, ¿qué es lo peor que podría pasar si le ofrecemos no ir a la escuela? No pasaría nada. Nada de nada. Tal vez Juan Cruz le diría a la madre que la quiere. Lloraría de emoción. Descubriría que ama la música y que es un compositor en potencia. Encontraría por sus propios medios una escuela relacionada con el arte donde van chicos con intereses parecidos. O no terminaría la escuela y pediría ir a estudiar a un conservatorio de música. O lo que sea, pero no acontecería ninguna tragedia.

Ahora bien, no es esto lo que pasa habitualmente. ¿Por qué? Porque tendríamos que abordar la **biografía humana** de la **madre** de Juan Cruz y comprender el nivel de rigidez, obediencia y pseudomoral religiosa que la tienen atrapada en un surco estrecho con temor a cualquier cosa que se salga de su ruta. ¿Qué puede hacer la madre de Juan Cruz? Recorrer su **biografía humana** para comprenderse, porque es imposible que abra su mente y su corazón si los tiene cerrados para no sufrir. Es improbable que pueda **sentir el sufrimiento** de Juan Cruz si está **negada a contactar con su propio dolor**.

No hay nada muy grave con Juan Cruz. Lo único grave es cómo perpetuamos la incomprensión hacia los niños bajo los mismos parámetros que han utilizado con nosotros, que fuimos incomprendidos cuando éramos niños. Para que la madre haya insistido durante quince años que a Juan Cruz **no le pasaba eso que concretamente gritaba que le pasaba cada mañana de su vida**, tenía que entrar en conexión consigo misma. La única opción para no medicar a Juan Cruz hubiera sido tolerar una evidencia tan sencilla como que el niño no quería ir a la escuela porque allí sufría. De todas maneras, en este caso como en casi todos los casos, finalmente Juan Cruz fue medicado. No sé si logro transmitir el nivel de **crueldad** que se requiere para permitir que estas cosas sucedan así.

La ingesta de medicación psiquiátrica

Quisiera dedicar unos párrafos a las **consecuencias individuales y colectivas derivadas de la ingesta de medicación psiquiátrica**. Hoy lo consideramos banal, común, frecuente y habitual entre las personas que no tenemos ningún diagnóstico severo. La normalización de la ingesta de psicofármacos es impresionante, al punto que muchos de nosotros no le damos importancia porque simplemente forma parte de nuestra manera de vivir. Tomar medicación para dormir, para despertar, para darnos ánimos, para no deprimirnos, para no sufrir, para no enojarnos o para calmar la ansiedad se ha convertido en una práctica habitual. Muchos de nosotros, ante un sufrimiento que no podemos comprender, hemos visitado a psicólogos quienes, desprovistos de herramientas para ayudarnos, nos han derivado a los psiquiatras que hacen lo que aprendieron: prescriben el uso de medicación.

¿Qué hace la medicación? Efectivamente nos calma, nos adormece, nos ofrece la dulce sensación de estar en paz. Pero para lograrlo, tiene que **cortar la conexión con el yo interno**. ¿Es gravísimo? A veces no. De hecho, es la manera de vivir que elegimos la mayoría de los individuos: por encima del horizonte de los sentimientos. Podemos trabajar, llevar una vida cotidiana organizada, vincularnos superficialmente con nuestros allegados y eso es todo. En la práctica ni siquiera registramos que consumimos alguna medicación porque lo consideramos una rutina banal. ¿Cuál es el problema? El tema es que vivimos separados de nuestro territorio emocional, por lo tanto, vamos a conservar un registro acotado cuando nos suceda algo interiormente o cuando alguien cercano (nuestra pareja, nuestro hijo) pase por alguna dificultad en el ámbito sentimental. A menor registro, menor entrenamiento en los territorios afectivos. Así permanecemos: cada vez más desprovistos e ignorantes de los asuntos del corazón.

No es gravísimo, salvo que mientras los escenarios se van preparando para ciertas manifestaciones y empiezan a latir, no tenemos ningún registro de nada y solo nos damos cuenta cuando estalla alguna bomba. Cuando nuestro hermano se suicida. Cuando nos diagnostican un cáncer. Cuando echan a nuestro esposo del trabajo por violencia de género. Cuando nuestro hijo consume drogas duras. Cuando un accidente grave nos obliga a detener la marcha de la totalidad de nuestra vida.

Si la medicación psiquiátrica es banal y la consumimos las personas comunes como si fueran caramelos, la medicación suministrada a los jóvenes a quienes se les ha diagnosticado algo, lo que sea, será permanente y muchas veces desproporcionada. Por otra parte, salvo los médicos psiquiatras, casi nunca sabemos qué es lo que contienen esas pastillitas de colores que nos hacen dormir como los dioses. Y aquí surge un nuevo problema: **la medicación no es inocua**, sino que obliga al cuerpo a reaccionar contra estas invasiones químicas y esas reacciones necesitarán nuevos fármacos, de modo que se iniciará un circuito sin fin.

ANESTESIAS VERSUS CONTACTO EMOCIONAL

Para abordar la verdad de un individuo diagnosticado con el nombre de la enfermedad que sea, es decir, para revisar la totalidad de su **biografía humana**, su escenario infantil y todas sus reacciones posteriores, necesitaremos contar con la **lucidez emocional** del paciente. Pero esa lucidez original está **anestesiada por el consumo de medicación**. Ergo, nuestra mejor opción es que vaya disminuyendo las dosis y entre en contacto con su yo. Ante esta propuesta, los individuos bajo tratamiento tenemos pánico. Suponemos que nos van a devorar nuestros monstruos internos si bajamos el consumo. En parte es verdad. ¿Por qué? Porque van a aparecer nuestras experiencias infantiles sin filtros tal como las hemos vivido cuando fuimos niños, con la misma intensidad, el mismo desarraigo y la misma desesperación. Y eso nos da miedo, claro. Sobre todo si las respuestas o la ayuda que obtuvimos en aquel entonces fue anestesiar las emociones dentro de una alianza férrea entre nuestros padres y el sistema médico.

Los individuos hemos crecido, pero permanecimos emocionalmente en el mismo punto infantil; por lo tanto, nos sentimos inmaduros y sin recursos para afrontar desafíos relativos a nuestra propia interioridad. Es como si hubiéramos estado varios años en coma farmacológico; finalmente un día despertamos y nos encontramos frente a un mundo desarrollado, pero sin haber atravesado esos años. Tenemos que aprender desde el comienzo, retomarlo desde el momento y lugar en el que nos encontrábamos antes de dormirnos. Es la misma sensación.

Guía práctica para neutralizar a los seres sensibles

¿Es peligroso que una persona abandone la medicación? Nosotros no sugerimos ni una cosa ni la otra. No hemos prescrito remedios, por lo tanto, no nos incumbe. Lo decidirá cada individuo de acuerdo con los médicos con quienes se visita. Sin embargo, hay un riesgo frecuente y es que las personas que hemos sido tratadas por la ingesta de medicación durante mucho tiempo concurriendo con asiduidad a los controles médicos, hemos dejado de tomar como referencia nuestras propias percepciones y suponemos que lo correcto está en lo que opine cualquiera. En cambio, si pretendemos buscar apoyo para organizar nuestra **biografía humana** y abordar la verdad con respecto a nuestra realidad pasada para comprender nuestro presente, no podremos usar el criterio del profesional, ni sus opiniones sobre cada cosa. Un behacheador no nos dirá qué hacer. Al contrario, redundará en preguntas para ayudarnos a conectar con las percepciones íntimas y personales y encontrar allí en el fondo de nuestro corazón la verdad interior que estábamos buscando.

Una persona psicótica o esquizofrénica ¿puede dejar de serlo? Supongo que son personas que continúan siendo extremadamente sensibles y que viven el sufrimiento a flor de

LA INGESTA DE MEDICACIÓN PSIQUIÁTRICA   103

piel. El problema no es el diagnóstico, que habría que revisar. **El problema es la medicación**. ¿Cómo vamos a abordar a un individuo en su inmensidad amorosa si está drogado? ¿Cómo revisar la totalidad de su escenario y la violencia que ejerció su madre, si está bajo efectos de psicofármacos y con el cerebro bastante dañado después de años de ingesta? Por otra parte, ¿con qué autonomía podrá abordar la violencia de su madre cuando era niño si ahora **sigue dependiendo totalmente de esa madre cruel que lo ha idiotizado**? ¿Cómo encontrarse a sí mismo si la persona diagnosticada como desequilibrada mental es tratada como discapacitada?

La mayoría de estos individuos, diagnosticados en general desde la adolescencia que es cuando **nuestra fuerza vital** reaparece con toda su potencia, están bajo control, es decir, suficientemente **idiotizados** para que no puedan reaccionar más. Muchos de ellos tienen sus vidas arruinadas. Son tratados por siempre jamás como niños inútiles, incapaces de asumir una vida independiente, imposibilitados para estudiar, trabajar o tener proyectos personales. Hay familias que los mantienen en casa como niños eternos, cual discapacitados que no pueden alcanzar ningún tipo de autonomía. No salen solos a la calle, como los niños. Tienen miedo de realizar alguna actividad sin compañía, como los niños. Obedecen a su madre, como los niños, y se pelean por nimiedades con su madre, como los niños. Es muy triste. Algunos son internados en instituciones psiquiátricas, donde pasan una vida con las mínimas actividades y temerosos de sus propios registros. Muchos no alcanzan jamás una vida independiente, no tienen vida sexual ni asumen ningún área de la vida con autonomía ni responsabilidad.

Si observamos las familias de nuestro alrededor y revisamos la verdad sobre nuestros hermanos, primos, tíos o allegados que hemos conocido y de quienes no sabíamos mucho salvo que «estaban enfermos», sabremos mirar con nuevos ojos los estragos de la violencia y la manera con la que socialmente hemos decidido dejar fuera del campo de batalla a las personas más sensibles que nos aportaban una mirada aterrorizada de nuestra propia crueldad.

La fusión emocional es como compartir un tanque de agua

Las personas **locas** simplemente no han tolerado los niveles desalmados de violencia y han intentado hacérselo saber a los demás, hasta que las hemos acallado para siempre. Las hemos mantenido continuamente drogadas ya que conservan latente el registro del desamor y esa desesperación podría estallar ante cualquier descuido. Tal vez por eso les tenemos miedo y preferimos que estén encarceladas.

¿Qué pasa con otros diagnósticos menos graves? De hecho, surgen cada vez más síndromes específicos, sobre todo entre los niños.

En efecto, hay cada vez más nombres que agregan distancia a las vivencias internas de los niños pequeños. Toda la gama de los TDA (Trastornos de Déficit de Atención) y la gama de los TGD (Trastornos Generalizados del Desarrollo) pueden ayudarnos a comprenderlos o, por el contrario, encapsular nuestro interés por ver más allá, refugiándonos en un supuesto diagnóstico que nos evita a los padres formularnos preguntas personales. En todos los casos, en absolutamente todos los casos, si a un niño le pasa algo, es porque le pasa. Así de sencillo. Y como es un niño, eso que le pasa depende de sus padres, especialmente de su madre. Lo peor que le puede pasar a un niño es que su madre no lo sienta. Es decir, que la madre no sienta como propio aquello que siente el hijo. Si no lo siente como propio, no lo puede percibir ni comprender. Es más, probablemente ni siquiera se va a interesar en eso que le sucede al niño, porque le resulta extravagante.

La **fusión emocional** es como un tanque repleto de agua. Las madres y los niños pertenecemos al mismo estanque. Si la temperatura está a cuarenta grados y si ambos estamos sumergidos, es imposible que no sintamos el calor. Estamos flotando en la misma temperatura. Ahora bien, si las madres, asustadas por la intensidad emocional que demanda el niño, nos vamos del tanque, nos escapamos, nos alejamos y nos perdemos en otras instancias más favorables... cuando el niño nos avisa de que el agua está caliente, acostumbraremos a responder con liviandad que no, que eso no es verdad. Que no está caliente. Incluso que está helada. Total, no la estamos sintiendo, por lo tanto, podemos argumentar lo que queramos.

Luego, a medida que el niño se queje más y más por la temperatura del agua y obtenga las mismas respuestas incrédulas por parte de la madre, la criatura va a llorar, va a querer escapar, se va a portar mal o adoptará conductas extrañas con tal de que la madre regrese y toque el agua. Sin embargo, algo tan sencillo nunca sucederá. Las madres no regresamos. No tocamos el agua. Seguimos sosteniendo estoicamente que el agua está fría. El niño se desespera más. Claro que no presta atención en la escuela. ¿Acaso es importante la geometría frente al desastre de estar quemándose y que a nuestra madre no le importe? Tampoco le interesa prestar atención a las explicaciones de la maestra. ¿Acaso las madres prestamos atención a lo que él nos dice? El niño se porta cada vez peor, por lo tanto, será derivado a un psicopedagogo que lo derivará a un médico que lo derivará a un neurólogo, y en breve el niño estará medicado. ¿De verdad es así? No, es todavía peor.

Niños medicados, adultos calmados

La cuestión es que tenemos un ejército de niños medicados. Basta preguntar el porcentaje de niños que toman medicación para aquietarse en cualquier escuela de cualquier estrato social. La banalización de la medicación es **otro desastre ecológico**. Una vez que el niño está calmado a fuerza de medicación, ya no va a avisar cuando el agua esté demasiado caliente. A lo sumo se lastimará y punto. O aprenderá a vivir en el calor extremo. O preferirá dormir para no sufrir. O reaccionará «desmedidamente» cuando, por error, en algún instante la medicación no lo tenga tan domado. Entonces tendremos excusas suficientes para mantenerlo aún más drogado.

La mayoría de las peticiones para que los niños se calmen provienen de las escuelas. Es lógico, pues se supone que en la escuela los niños tienen que aprender lo que los maestros pretenden enseñar.

Para que eso sea posible se requiere una mínima concentración mental en los niños. Resulta que si emocionalmente están desesperados, la mente no se puede aquietar. Y como es un círculo vicioso, nadie se pregunta qué les pasa a esos niños, sino que simplemente precisamos que estén en silencio y con la atención puesta en lo que se les enseña. Los maestros pedimos soluciones a los padres, los padres pedimos soluciones a los médicos, los médicos diagnosticamos algún síndrome de los muchos que tenemos a mano, y así resolvemos el problema. **Niños medicados, adultos calmados**. Nadie se cuestiona qué necesita ese niño en particular. Las madres no precisamos preguntarnos qué nos ha acontecido siendo niñas para comprender por qué no podemos siquiera acercarnos al tanque de agua caliente desde donde nuestro hijo nos reclama.

¿Qué pasará en el futuro con estos niños que toman medicación desde temprana edad para calmarse? Es pronto para saberlo porque el aumento en el consumo ha sido piramidal estos últimos años. Sin embargo, podemos pronosticar mayor desconocimiento de nosotros mismos, menor conexión con las realidades emocionales y menor entrenamiento para formularnos preguntas personales frente a las dificultades cotidianas. No sabemos cómo irán multiplicándose los diagnósticos en el futuro frente a nuevas manifestaciones, pero en todo caso el panorama no cambia. Alguna vez tendremos que levantar los velos y empezar por el inicio de la vida de cada uno de nosotros revisando el nivel de violencia y de maltrato por parte de nuestras madres.

UNA MIRADA DIFERENTE SOBRE LA BIPOLARIDAD

¿Qué es la bipolaridad?

Es un ejemplo certero de las **consecuencias de la medicación psiquiátrica**. Las personas suponemos que la medicación nos compensa el exceso de tristeza o el exceso de alegría. Sin embargo, si quisiéramos comprender el alcance de nuestros sentimientos y pudiéramos ubicarlos en el seno de nuestros escenarios, cada sentimiento tendría un lugar donde existir. A nadie le gusta sufrir. Sin embargo, un dolor bien comprendido puede ser una guía interesante para el autodescubrimiento personal. En cambio, el mismo dolor anestesiado no nos lleva a ninguna parte. La medicación nos pone alegres cuando estamos tristes. Nos «sube». La medicación también nos calma cuando estamos eufóricos. Nos «baja». Después de tanto subir y bajar, perdemos la onda cíclica natural. A veces llegamos muy arriba y otras veces nos hundimos muy abajo. Cada vez que decimos que alguien es bipolar, constatamos que ha sido un individuo muy medicado durante mucho tiempo. **Nadie nace bipolar**. Es una **consecuencia directa de las subidas y las bajadas químicas** por no poder comprender en su justa medida el abanico de nuestros sentimientos.

UNA MIRADA DIFERENTE SOBRE EL AUTISMO

¿Y el autismo de los niños también es producto del desamor materno?

Aún no lo sé. Hay diversos estudios y teorías. Necesitamos una casuística mayor. El problema para acceder a una **casuística fiable** es que necesitaríamos madres conscientes de nosotras mismas, capacitadas para **fusionar** con nuestros hijos pequeños con quienes entramos en **relación fusional** desde el día en que los hemos parido. Resulta que no encontramos madres así porque todas provenimos de historias de desamparo e ignorancia emocional. Si estableciéramos que los niños autistas no se comunican con nadie por falta de vínculo fusional con sus madres, tendríamos que preguntarnos por qué no somos autistas todas las personas que estamos en este mundo.

Sin embargo, hay evidencias que pueden constituirse en una pista: **las madres de niños autistas llegamos demasiado tarde a las consultas pediátricas por estos temas.** Habitualmente, no somos las propias madres quienes detectamos que algo no está bien, sino que son familiares, cuidadores o incluso los propios pediatras quienes comienzan a inferir que nuestro hijo no sostiene la mirada, no responde a los estímulos externos ni intenta comunicarse con nosotras.

¿Acaso es genético? No lo sabemos todavía. **No hay casuística** suficiente para afirmar que podría haber niños **nacidos con autismo**, hijos de madres conscientes de nosotras mismas con un trabajo interior ya hecho, capacitadas y dispuestas para **fusionarnos** con el niño pequeño, **quienes en el momento mismo de parir y tomando al niño en brazos nos diéramos cuenta de que el niño no busca nuestra mirada.** En esos casos, permaneceríamos todo el primer mes intentando conectarnos con el bebé mientras le damos el pecho y **reconoceríamos** que el niño **no está dispuesto a sa-**

lir de su mundo. Pero si las madres realizamos las primeras consultas cerca del primer año del niño, ¿cómo afirmar que el niño nació desconectado? ¿Cómo acceder a la desconexión del niño si estamos desconectadas de nosotras mismas? ¿Cómo saber **en qué momento** el niño decidió no establecer más contacto, no mirarnos ni encontrarnos después de haberlo intentado?

Mi mayor desconcierto es reconocer cómo, a pesar de la desconexión y la violencia de nuestras madres, no somos muchos más los individuos autistas o desequilibrados. Ese es un verdadero milagro.

De cualquier manera, en mi afán por mirar cada vez de una forma más amplia y con la poca casuística que poseo en este tema, me atrevo a afirmar que, en los escenarios transgeneracionales de desamor, distancia afectiva y maltrato de las madres hacia los hijos, alguna vez nace un niño ya demasiado lastimado por las generaciones que lo precedieron. Y **nace con una sensibilidad extrema** al punto que **no tolera** la mínima distancia de su madre. Esos son niños con **autismo**. Ahora bien, ¿qué hubiera sucedido si esos niños **extremadamente sensibles al desamor** y lastimados generacionalmente, **muy necesitados** de una **conexión sutil** y en estado de alerta **al filo del autismo**, hubieran nacido de una madre consciente, totalmente entregada y amorosa, dispuesta a dar su vida por la conexión con las necesidades exquisitamente sutiles del niño? ¿Ese niño hubiera desarrollado autismo? Son los casos que no podemos estudiar porque no tenemos esas madres entre nosotros. Por lo tanto, aún no podemos saber si el autismo entra en la gama de los desequilibrios mentales **adquiridos**, o no.

CUANDO UNA REALIDAD PARALELA NOS SALVA DE LA VIOLENCIA
Y LA CRUELDAD

El abanico de desequilibrios mentales es amplio y bastante común. Muchos de nosotros lo sufrimos en carne propia o estamos relacionados con personas que padecen trastornos en algunas de sus versiones. En principio, **acusar de loco** a alguien funciona cuando pretendemos **dominar a quien es más débil**. Quien es acusado de desequilibrado se encuentra sin recursos para vivir en sintonía con sus percepciones porque las interpretaciones psicológicas han conquistado el terreno del sufrimiento humano.

Es interesante notar que la supuesta **locura de las mujeres** ha sido muy utilizada a lo largo de la historia para dominar, conquistar por la fuerza o ganar batallas. A las mujeres se nos acusa con liviandad de locas cuando denunciamos algo fuera de los cánones establecidos. Se nos acusa de ser exageradamente temperamentales, de no medir nuestras palabras o de actuar sin que prevalezca la razón por sobre de la emoción. El patriarcado en su conjunto ha sido especialmente cruel con las mujeres, y la locura ha sido una excusa válida para dejarnos fuera de los terrenos de intercambio por considerarnos poco aptas, fuera de nuestro equilibrio o ignorantes en temas relativos a los ámbitos de poder o de control.

Aún en la actualidad, en el seno de juicios controvertidos de divorcio, es común que hombres con mayor poder económico tilden de locas a sus exmujeres para ganar sus batallas judiciales o para desacreditar sus dichos o sus pruebas. Todos le tenemos miedo a la locura. Sentimos que si la locura entra en juego, nos metemos en un área sin límites.

De todas maneras, incluso las mujeres tildadas de locas somos adultas. Por lo tanto, siempre podremos utilizar recursos para acceder a una mayor comprensión de nosotras mismas, reconocer nuestros desequilibrios si es que los tenemos o decidir qué estamos dispuestas a hacer con nuestra furia, tristeza o rabia. En cambio, los niños son niños. Dependen de los mayores y no cuentan con autonomía ni recursos propios para hacerse cargo de su realidad. Por lo tanto, si un niño nos molesta, no responde a nuestras expectativas, nos interpela o nos obliga a desviarnos de nuestras rígidas creencias o valores... siempre podremos decidir que padece el trastorno que sea. Es muy fácil concluir que el niño está loco y que precisa de medicación para mantenerlo domado.

Nada de esto es exagerado. Si revisáramos el porcentaje abrumador de niños medicados, llegaríamos a la conclusión de que hay algo que va muy mal. Esto es fácil de comprobar en el seno de las escuelas. Son los propios maestros quienes, al no poder domar a los niños, piden ayuda a psicopedagogos, que luego recomiendan a las madres consultar con médicos y neurólogos, que con una liviandad extraordinaria medican a los niños para que se calmen. Y todos contentos porque efectivamente los niños están calmados, es decir, anestesiados. Muchísimos niños activos, entusiastas en temas que no se enseñan ni se abordan en las escuelas y aburridos de escuchar clases con las que no hacen ningún contacto ni encuentran ningún sentido para sus vidas en el aquí y ahora, se mueven, se distraen, se ríen, juegan y se divierten. El problema no es la indisciplina de los niños, sino la estupidez con la que se abordan temas intrascendentes y carentes de interés. Sin embargo, los adultos no estamos dispuestos a movernos ni un milímetro de nuestros valores obsoletos. Creemos que hay un objetivo primordial y es que el niño se quede quieto. Y eso es fácil de lograr si los drogamos.

Hay niños que simplemente son activos y curiosos, y que lógicamente detestan la escuela que los mantiene prisioneros en sus asientos. Otros niños provienen de estructuras familiares tan desastrosas, están tan huérfanos de cuidados y amor, se sienten tan solos en el universo infantil y tan incomprendidos, que desatan su furia en el seno de la escuela, tanto como en casa, solo que en la escuela se hace más evidente, y una vez más, lo único que se nos ocurre para resolver el problema es **aquietar** al niño. La ingesta de medicación desde temprana edad va a tener consecuencias nefastas: la más nociva, a mi juicio, es que el niño va a anestesiar todo atisbo de conexión con su yo. Ni siquiera cuando sea adulto va a ser capaz de recordar la soledad, la distancia entre su propio universo y el de los adultos, el miedo ni la desilusión. Todas estas vivencias reales van a parar a la sombra. Por otra parte, va a crear una dependencia perenne con respecto a la medicación y la creencia de que padece una enfermedad crónica, con el nombre que sea, suponiendo que no podrá prescindir de los remedios nunca más. Estas situaciones que son tan banales demuestran el despropósito, la ignorancia y el abuso de poder con el que los adultos nos comportamos con respecto a los niños. Todo para mantenerlos lejos, quietos, inmóviles y que no toquen ninguna fibra personal que nos remueva las propias heridas infantiles que todavía sangran.

Lo único que tenemos que revisar cuando nuestros niños son diagnosticados bajo el nombre de cualquier desorden de comportamiento, es que **los adultos somos responsables de perpetuar el desamor**, el maltrato, las interpretaciones equivocadas y cómodas para no tener que adentrarnos en nuestras duras realidades emocionales. Preferimos cerrar todas las compuertas disponibles y asegurar las cerraduras con siete llaves que luego tiraremos al mar.

¿Qué podemos hacer? Rebobinar. Revisar cuán cerrado tenemos nuestro campo emocional. Abordar el dolor de nuestra infancia. Entrar en contacto con ese dolor hasta **sentir** el ardor de nuestras heridas. Solo después podremos sentir el grito angustiante de nuestros hijos, la extrema sensibilidad y la necesidad de ser amparados porque **están enloqueciendo de dolor**.

La locura no existe. Es apenas un ascenso a una **realidad paralela** para salvarnos de tanta violencia y maldad. Por eso el problema no es que las personas regresemos a la cordura, sino que **cese la crueldad**.

Hijos de la locura

Hemos visto que muchas personas convivimos bajo diagnósticos diversos y desequilibrios más o menos banales. Lo importante no es el sufrimiento en sí, sino la interpretación generalmente errada que hacemos de esos sufrimientos. Tomemos en cuenta que ningún dolor comienza en el momento en el que tenemos registro, sino mucho antes, probablemente al inicio de nuestra vida. ¿Acaso aquello que nos pasó hace mucho tiempo tiene que ver con lo que nos pasa ahora?

Sí. Según el pensamiento lineal, es difícil aprehender el nivel de enraizamiento y el *continuum* lógico que va enhebrando un suceso con el siguiente. Conservamos la misma dificultad para comprender los vínculos estrechos entre unos y otros. Podríamos decir que somos como un mazo de cartas: cuando ponemos el foco en una carta cualquiera y pasa a primer plano, esa carta sigue perteneciendo a la totalidad del mazo, pues en caso contrario no sería ella misma. Del mismo modo, un dolor del instante presente simplemente actualiza una serie de dolores antiguos que empalman con el que hoy nos ocupa.

La cuestión es que muchos individuos atravesamos

nuestra vida con nuestros desequilibrios a cuestas, nuestra medicación o nuestra distancia con respecto al propio ser esencial. Algunos más enfermos que otros, algunos más ciegos, otros más furiosos, otros más infantiles o rabiosos. Recordemos que el supuesto desequilibrio mental tiene que ver con **la distancia entre lo que nos pasa adentro y lo que se ha dicho que pasa afuera**. Responde a una **tergiversación** de la realidad. Una interpretación errónea. Un abismo repleto de equivocaciones y de supuestos que desarticulan las evidencias y que luego obstaculizan nuestro entendimiento.

Es probable que casi todos nos veamos reflejados en esta descripción. Sin embargo, ¿cuál es el límite entre alguien más o menos cuerdo y alguien más o menos loco? Es difícil responder. En principio, diremos que hay un punto en el cual la distancia entre lo que pasa y lo que percibimos que pasa es muy grande. Incluso así, distanciados entre el adentro y el afuera, las personas tratamos de llevar vidas normales. Estudiamos. Trabajamos. Tenemos relaciones amorosas. Algunas veces tenemos hijos.

Entonces, en primer lugar intentaremos abordar las vivencias de cuando éramos niños y estábamos sometidos a los excesos y rarezas de nuestras madres, incluso cuando en aquel tiempo nadie las hubiera diagnosticado. Haber contado o no con un diagnóstico relativo a algún desequilibrio materno no cambió nuestra realidad infantil. Porque la distancia entre lo que pasa y la percepción de nuestra madre puede ser enorme y eso es todo lo que nos interesa saber.

CUANDO NUESTRA MADRE FUE IMPREVISIBLE

Cuando somos niños dependemos de los cuidados de nuestra madre y de la capacidad que tenga para ejercer como tal. Luego organizaremos nuestra estructura psíquica **de acuerdo a lo que nuestra madre diga**. Ya hemos visto que ninguna madre habla de nada conectado con las vivencias internas. Sin embargo, una madre más o menos coherente va a relatar casi siempre las mismas cosas aunque respondan a su discurso engañado (a sus creencias): que nuestro hermano es terrible, y siempre será terrible haga lo que haga, y que nosotros por suerte no le hemos dado tanto trabajo porque somos responsables. Hagamos lo que hagamos, siempre detectará nuestro nivel de seriedad y compromiso. No hay sorpresas. Luego nuestra madre siempre contará que su suegra era una bruja. Haga lo que haga la abuela paterna, la considerará detestable. Siempre, sin cambios. En fin, nuestra madre tiene organizado un sistema moral, ciertos valores, ciertas preferencias y algunos deseos. Los niños sabremos qué la pone contenta y qué la pone nerviosa. Nuestra madre puede ser violenta, puede enojarse o darnos palizas, puede amenazarnos con las zurras que nos dará nuestro padre cuando llegue... pero los niños inventaremos recursos, astucias o estrategias para tratar de salvarnos de vez en cuando porque sabremos a qué atenernos. Por ejemplo, si somos los más responsables, esa característica la habremos asumido para salvarnos de los castigos que recibió nuestro hermano. Hasta ahí, no hay gran cosa que difiera entre unas infancias y otras.

Sin embargo, en algunos casos, nuestra madre es **impredecible. Imprevisible. Imposible saber de antemano qué va**

a pasar. En esos casos los niños tenemos que estar en permanente **alerta** porque no importa si nos portamos bien: el castigo puede ser feroz hagamos lo que hagamos. Otras veces no nos portamos bien y sin embargo nuestra madre nos lleva dulces a la cama y juega con nosotros como una niña más. Nuestra madre puede ser la persona más amorosa del planeta, puede amarnos con desmesura, gritar a los cuatro vientos que somos sus príncipes, mostrarse orgullosa de sus hijos frente a sus vecinos... y un rato más tarde sin que haya ocurrido nada en particular puede desatar una furia incontrolable, asustarnos con historias de seres abominables y no dejarnos salir de casa durante varios días.

Nuestra madre es exuberante y pasional. Explota de amor y estalla de rabia. Cualquier acontecimiento banal lo convierte en una detonación de emociones sin control. Nuestra madre vive con vehemencia cada detalle. De hecho, organiza escándalos a partir de nimiedades, así como desacredita nuestros sufrimientos o dificultades infantiles. Nuestra madre tiene opiniones extremistas para cada cosa, no conoce el pudor en su lenguaje y expresa sin tapujos cualquier cosa que se le pasa por la cabeza. Nos acusa de putas, degenerados o ladrones, nos dice que somos hijos del diablo y que hemos venido a este mundo a hacerle daño. Nos reprocha haberle arruinado su belleza y juventud. Nos asegura que por nuestra culpa no pudo ser actriz ni alcanzar el éxito.

Nuestra madre es mucho más hermosa que las demás madres de los niños de la escuela. Sin embargo, nos da vergüenza cuando nos viene a buscar exageradamente maquillada. Nuestra madre nos habla de sexo como si entendiéramos. Se enamora de un hombre para odiarlo poco tiempo después. Nuestra madre llora con desgarro, duerme durante días enteros hasta que despierta transportada a otro mundo tocándonos la cabeza como si fuera un fantasma. Nuestra madre fuma mucho, pero nos agravia si encuentra un cigarrillo entre nuestros objetos personales. Amamos a nuestra madre, pero también le tenemos miedo. Nos acusa de sonambulismo y de que se lo hacemos a propósito, de modo tal que terminamos teniendo miedo de nosotros mismos. Nuestra madre nos deja sin comer y nos encierra en casa durante días, pero cada tanto gasta un dineral en comida fastuosa y comemos como reyes. Nuestra madre sufre y quisiéramos resarcirla, pero somos niños y no sabemos cómo aliviar sus penas. Eso es todo lo que pedimos a Dios: que nuestra madre sea feliz.

¿Qué le pasa a nuestra madre?

Madres impredecibles, niños desorientados

Cuando somos niños no lo podemos saber. Las únicas referencias emocionales durante la niñez están organizadas en base a las vivencias de nuestra madre y a la **interpretación** que esta hace del mundo que nos rodea. A nuestra madre le pasan cosas intensas y las comparte pasionalmente con nosotros. Nuestra madre a veces es estupenda, divertida e histriónica. Se disfraza como una niña más, juega con nosotros, comparte sus fantasías e incluso a veces nos cuenta sobre los reclamos sexuales de nuestro padre como si fuéramos sus consejeros. Los niños la admiramos. Pero de pronto, sin que haya sucedido nada que hayamos podido detectar, nuestra madre se convierte en un monstruo fuera de sí que escupe fuego, nos odia y nos culpa de todos sus males. Los niños quedamos **desorientados**. No contamos con ninguna referencia externa porque **el mundo de los niños es el mundo de nuestra madre**. Por otra parte, en las pocas ocasiones en las que nos relacionamos con vecinos o familias de nuestros compañeros de la escuela, nuestra madre resulta encantadora y hechizante para ellos. ¿Cómo contarle a alguien que nuestra madre a veces nos hace daño, nos amenaza o nos lastima? ¿Cómo se pronuncian esas palabras? No lo sabemos porque **el pensamiento se construye a partir de las palabras dichas por nuestra madre**. Si nuestra madre no mantiene una lógica, si a veces es extraordinaria y otras veces es terrorífica, ¿cómo se organiza la psique? Si nuestra madre a veces habla de nosotros con amor y otras con odio, ¿quiénes somos? Si no encontramos un hilo lógico para comprender a nuestra madre, si eso que a nuestra madre le pasa no tiene relación con lo que pasa en el mundo externo, ¿cómo prevenirnos? ¿Cómo prepararnos?

¿Cómo comprender? Los niños hacemos grandes esfuerzos para aferrarnos a algún punto seguro, pero nuestra madre no sostiene ninguno. Crecemos con pies de barro. Cualquier hecho concreto o sentimiento pueden asumir una forma o exactamente la contraria al mismo tiempo.

LA DESCONEXIÓN DE NUESTRO REGISTRO INTERNO

Hay algo que no podemos comprender porque nuestra madre tampoco lo sabe: ella proviene de una infancia más cruel de lo que puede recordar. Es tan sensible que ha enloquecido para no morir. Ha modificado cada acontecimiento duro en una fantasía diferente con la esperanza de menguar su sufrimiento. Ahora ningún hecho externo encaja con ninguna vivencia interna.

¿Qué hacemos los niños para tolerar este nivel de **caos** y de **imprevisibilidad**? Desconectamos nuestro **registro interno** porque entramos en **colapso emocional**. ¿Qué es el registro interno? Es una llama misteriosa ligada a la percepción innata, la intuición y la conexión entre el yo auténtico y la realidad externa. Es lo que nos permite conservar algún **criterio personal** frente a cualquier realidad. Es el **sentido común** con el sí mismo. Es la **voz interior** que habilita nuestra interioridad. Es el guardián de nuestro equilibrio y nuestra supervivencia.

Todos los niños nacemos con algunos recursos innatos para poder sobrevivir. En el plano físico contamos, por un lado, con el llanto para llamar a nuestra madre y avisarla de que la necesitamos y, por el otro, con el reflejo de succión para alimentarnos. Estos recursos son comunes en todas las especies de mamíferos. En el plano emocional, las criaturas humanas contamos con un **registro interno** que nos centra y nos señala qué tipo de experiencias son confortables y nos ayudan al desarrollo psicofísico y cuáles son dañinas. En principio, todo lo que proviene de nuestra madre debería estar en el área de lo nutricio.

Que sea justamente **del ámbito nutricio de donde provienen el caos y la imprevisibilidad** es un **desastre para la psique** de un niño, porque nada coincide con nada. No encaja. No tiene razón de ser. Entonces nuestra opción es desenchufar los vestigios del **registro interno**. No nos sirve porque no coincide con lo que le pasa a nuestra madre. El registro interno enloquece al no encontrar lógica entre la vivencia interna y eso que nuestra madre dice o hace. Por lo tanto, decidimos negar esa voz interior hasta que la olvidamos para siempre.

Observemos este fenómeno ampliando el zoom y mirando como mínimo tres generaciones en orden descendente. Una **madre cruel** cría a sus hijos en un ámbito de violencia. Nace una **hija sensible** que no tolera ese nivel de violencia y reacciona. Siendo niña tiene berrinches, luego se defiende de la violencia con más fuerza hasta que **desconecta** de la realidad porque el dolor es demasiado grande. Un día se convierte en madre, ya que, en apariencia, puede tener una vida normal aunque emocionalmente está desconectada y perdida. Esa desconexión hace que no tenga conciencia de sus reacciones espontáneas que las siente como si se apoderaran de ella. Nace un hijo (nieto de la primera). Como esa madre se ha desconectado de sus sentimientos para no sentir dolor cuando fue niña, el hijo **no encuentra arraigo emocional**. Nada tiene que ver con nada. Si el niño no halla un sitio concreto, sólido, coherente o fijo en su campo emocional porque el territorio de la madre está **desorganizado**, y si la madre es **impredecible** en sus acciones y reacciones, él queda **desorientado**. No puede organizar su entendimiento. Su **registro interno** no encuentra coherencia, continuidad ni orden. Entonces... no tiene más remedio que dejar de prestar atención a ese registro, a esa percepción interior. Ahora bien, si nos quedamos sin esa **brújula interna**, sin ese aviso coherente que nos indica lo que nos hace bien o nos hace mal, nos ofrece seguridad o por el contrario nos indica que tenemos que estar en alerta... quedamos **vulnerables**. ¿Por qué? Porque no hay referencia interna que nos indique el camino a seguir. Hemos dejado de prestar atención a esa única señal sutil, interior, personal que era nuestra principal herramienta para sobrevivir y **organizarnos psíquicamente**.

¿Qué pasa entonces con los hijos que hemos sido criados por madres desequilibradas, desconectadas de su ser, reactivas, imprevisibles, diagnosticadas o no? ¿También nos volvemos locos?

REFUGIOS POSIBLES PARA HIJOS DE MADRES DESEQUILIBRADAS

En principio, no. Podemos convertirnos en personas «normales», pero **sin criterio propio**. ¿Es muy grave no tener criterio propio? Depende. El mayor problema es que nos dejamos llevar por las opiniones de quienes sean, cambiando como cambia el viento. **Sin criterio personal, cualquier argumento dicho por cualquiera con un mínimo de énfasis se convierte en una verdad revelada.** Luego aparece otro individuo diciendo exactamente lo contrario y también lo tomamos como otra gran verdad indispensable. En ningún caso comprobamos si esa opinión, idea, precepto o lo que sea **encaja con nuestro ser interior**, ¡porque no tenemos la posibilidad de hacer encajar nada desde tiempos remotos! Es el peligro de la vulnerabilidad. Cualquier persona puede adueñarse de nuestras ideas, conceptos, ideas o interpretaciones, porque no las podemos comprobar ni comparar con nada interno. Somos tan lábiles como una hoja al viento.

Invito a mis lectores a reflexionar sobre estas dinámicas tanto en los formatos de nuestra vida individual como en los formatos colectivos, para comprender cuán manipulables son los movimientos de masas, qué fascinación producen los ejércitos que nos permiten acatar ideas estrechas y seguras, y cuánta falta de criterio y de sentido común abundan en todas las áreas de la vida ciudadana.

Ahora bien, los hijos de madres desequilibradas buscamos otros refugios que no estén anclados en los territorios emocionales, justamente porque esos ámbitos son muy confusos. Con frecuencia, los encontramos en la mente. Por eso podemos ser personas aparentemente «brillantes» en el plano intelectual, matemáticos extraordinarios, emprendedores exitosos, buenos organizadores de comercios, podemos hacer negocios increíbles... en la medida en que esos «cálculos» estén escindidos de los planos afectivos. Nadie va a sospechar jamás, ni siquiera nosotros mismos, que nuestro territorio emocional está hecho pedazos, que las confusiones emocionales y la falta de criterio en el ámbito afectivo son recurrentes. Por otra parte suponemos que para hacer negocios, emparejarnos o vivir una vida medianamente exitosa, no necesitamos estar en armonía emocional. A menos que tengamos alguna experiencia que nos obligue a la intimidad emocional. Por ejemplo, ¡que tengamos hijos! Si nacen hijos (y somos mujeres) y no contamos con criterio personal, más que nunca pediremos consejos aquí y allá y pondremos en práctica todo un abanico de propuestas contradictorias **sin pasarlos por el tamiz de nuestra intuición, nuestro sentido común o nuestra percepción interna**. Un desastre.

¿Cómo darnos cuenta si nos falta criterio personal, siendo como es algo tan común entre los individuos de nuestra **civilización lastimada**? ¿Cuándo es más grave que en otros casos? La violencia está tan naturalizada que **los niños somos los seres más expuestos a la violencia de nuestras madres**. Luego aprendemos desde niños a desconectarnos de nuestras percepciones para no sufrir; por lo tanto, nos quedamos sin referencias emocionales internas. Nos quedamos **sin brújulas**. Esta modalidad se repite en casi todas las familias. Luego conformamos un colectivo de individuos que quedamos fascinados cuando alguien, quien sea, habla con énfasis o con una seguridad que nos mantiene subyugados.

SIN CRITERIO PERSONAL, ESTAMOS PERDIDOS

De hecho, todos los políticos entienden la vulnerabilidad de la mayoría de los individuos provenientes de familias violentas, obligados a **abandonar nuestros indicios internos** con respecto a lo que es positivo o negativo para cada uno. Los expertos en publicidad y marketing comprenden perfectamente esta debilidad colectiva y apuntan a eso: pueden imponer las ideas que sean y lograr que compremos cualquier producto nocivo para nosotros haciéndonos creer que es saludable. Pueden instalar líderes, gobernantes o presidentes y hacernos sentir que coincidimos plenamente con esos ideales, que pensamos y proyectamos lo mismo y que, apoyándolos, perteneceremos a un territorio seguro y fiable. Total, no contamos con criterio propio, por lo tanto vamos a acomodarnos a cualquier proyecto, discurso o sentimiento que nos dé algún esbozo de identidad. Puede ser este u otro completamente contrario. Es igual porque nos acomodaremos a cualquiera que nos ofrezca una base inamovible y un sentido de pertenencia.

Las corrientes políticas, sobre todo las más corruptas, lamentablemente adquieren fuerza gracias a la **falta de criterio personal** de cada uno de los miembros de una comunidad. Por eso podemos alinearnos detrás de cualquier bandera, ya sea política, social, deportiva o como fans de una banda musical. Es tal nuestro nivel de fragilidad emocional que cuando alguien se impone con certidumbre, firmeza y sin fisuras, es todo lo que necesitamos para sentirnos bien porque pisamos en un lugar seguro por primera vez. Algo que no sucedió cuando éramos niños y estábamos sometidos a la inestabilidad de nuestra madre.

La **falta de criterio personal** es una consecuencia desastrosa individual y colectiva, porque nos quedamos **sin el único referente confiable**. La historia de la humanidad está llena de episodios lamentables que no logramos comprender, pero que tienen su explicación en cada historia personal anclada en el *continuum* de violencia vivida por cada niño por parte de nuestras madres violentas, desequilibradas o desconectadas. Cuando somos una suma de individuos **sin anclaje en un territorio emocional coherente**, nos dejamos llevar por cualquier discurso dicho enfáticamente, ya que esa supuesta seguridad, que en realidad no es tal, pero sin conexión con el sentido común interno no podemos saberlo, nos garantiza una falsa tranquilidad y aparente resguardo. Observemos que basamos la seguridad emocional en creencias, es decir, que son todas equivocaciones del alma infantil en busca de cobijo.

Que haya gobernantes sin escrúpulos, asesinos, ladrones, corruptos, violentos, ignorantes, desequilibrados o mentirosos no impide que millones de personas aparentemente inteligentes y honestas los votemos. ¿Qué han hecho esos falsos líderes para que les creamos? Nos han dicho algo con **vehemencia y énfasis**. Nos lo han asegurado una y mil veces. Por otra parte, repitieron las mismas frases cada vez. No hay nada que alivie más a un alma infantil perdida y desconectada que le aseguren algo dicho con absoluta certeza y que se lo repitan sin modificar. No se hable más, el voto es suyo.

En el plano personal sucede lo mismo. Con frecuencia **delegamos el supuesto saber** en dos o tres individuos que, con las mismas características enfáticas, nos aseguran que las cosas son como ellos nos dicen. Las madres con niños pequeños que provenimos de infancias con madres desequilibradas, lo sepamos o no, preguntaremos todo al pediatra. Y una vez que el médico nos dé un consejo, no lo pasaremos por **el tamiz de nuestro propio criterio personal**. Ese es el único peligro. Todos podemos dar opiniones, pero cada individuo tendría que contar prioritariamente con su propio criterio, en caso contrario ¿dónde hacemos base? Las madres sin conexión con nosotras mismas cambiaremos nuestro sistema de creencias tantas veces como cambiamos de médicos, maestros, terapeutas o sacerdotes. No seremos capaces de discernir entre lo que es bueno para nosotras y nuestros hijos, y lo que no. Notemos que podemos ser brillantes en el plano mental, ser profesionales exitosas, tener una personalidad arrasadora, ser expresivas y alegres, ser queridas por nuestros allegados y tener buenas intenciones para con nuestros hijos. Pero si no revisamos nuestra **biografía humana**, no tomamos en cuenta la incoherencia histórica de nuestra madre y la crueldad de nuestra abuela, de quien efectivamente hemos escuchado historias cruentas, y no abordamos las consecuencias pantanosas y débiles de nuestro universo emocional, la vulnerabilidad hará estragos en nosotras y en nuestros descendientes.

Parece exagerado, pero las consecuencias de la violencia sobre los niños de una generación sobre la siguiente derrama un nivel de vulnerabilidad y una debilidad que nos deja a todos desamparados en la escala social. Sin embargo, es poco lo que podemos hacer colectivamente si no empezamos por revisar nuestras realidades emocionales familiares y la organización de nuestra psique desde que éramos niños.

¿Cómo comprender la transmisión de la locura de una generación a otra? ¿Cómo discernir si estamos más locos de lo que creemos? ¿Cómo saber si contamos con algún criterio personal o si vivimos engañados? ¿Es posible recuperar el sentido común?

En busca del sentido común

Nos espera un camino arduo y valiente. Cada **biografía humana** de cada individuo está anclada en la historia familiar ascendente. Solo siendo testigos de la violencia bajo diferentes formas que han desplegado nuestros abuelos, para no ir muy lejos en el árbol genealógico, podremos comprender la realidad de las infancias de nuestras madres y nuestros padres y echar luz en ese emparejamiento desde la ignorancia y las necesidades afectivas sin cubrir. Podremos revisar cuáles han sido los recursos con los que ha contado nuestra madre para salvarse de la violencia recibida y si ha desconectado emocionalmente, harta de sufrir. Luego podremos revisar en nuestros recuerdos si nuestra madre simplemente se refugió en sus fantasías, en su sistema moral o en su rigidez, o bien si el sufrimiento fue enloquecedor para ella y no tuvo capacidad para vivir una vida conectada. Después tendremos que mirar con honestidad si las escenas a las que hemos estado sometidos siendo niños eran coherentes o no. A veces mirar «hacia los lados» nos puede dar información suplementaria. Un tío esquizofrénico nos confirmará el nivel de crueldad de la abuela materna. Varios accidentes en una familia, la costumbre de manejarse con secretos y mentiras o la banalidad de tergiversar los sucesos familiares son todos datos que nos ayudarán para encontrar un hilo lógico o ilógico y revisar quién ha desconectado primero y quiénes somos, producto de esa falta de coherencia familiar.

Cuando hemos perdido el criterio personal durante nuestra infancia porque no era tolerable sostener ninguna lógica proviniendo del universo de nuestra madre, no es fácil hallarlo siendo adultos. ¿Dónde se encuentra? ¿En qué lugar del alma? Una manera posible, sin garantías, es poniendo orden en cada episodio, cada recuerdo, cada sensación, cada frase aportada por alguien que no pertenecía al núcleo familiar y que nos encaja de alguna manera, cada enfermedad manifestada, cada canción que nos trae un recuerdo, cada sueño que se nos haya revelado. La **biografía humana** intenta **ordenar con un sentido lógico** y en un encaje perfecto todas las vivencias de un individuo desde la experiencia del alma infantil, es decir, volviendo a ese lugar original, natural, no manipulado ni interpretado hasta ver si coincide en el plano emocional y si ayuda a que otras piezas vayan encajando atraídas como un imán.

Mientras no contemos con el propio **criterio personal**, la vida es peligrosa. No hay modo de defendernos de los depredadores si no somos capaces de registrarlos.

A veces, a falta de criterio interior, nos encerramos dentro de refugios diversos que suelen funcionar como búnkeres. Tienen en común el grosor de las paredes, ya sean concretas o ficticias, que nos aseguran dejar el peligro latente afuera. Desarrollaré este tema en el próximo capítulo.

Una buena noticia es que a veces las mujeres **sin registro interno** contamos con una nueva oportunidad si tenemos la gracia de convertirnos en madres. ¿Cómo? Confiando plena y absolutamente en las necesidades, demandas y manifestaciones del niño pequeño, quien llega a este mundo libre de desequilibrios y mandatos. Nace limpio. Nace original según el diseño de la especie humana. Nace puro.

Las mujeres fuera de nuestro equilibrio disponemos ahí de una oportunidad única. Solo tenemos que saber que no somos fiables con respecto a nosotras mismas, porque somos consecuencia del desequilibrio de nuestras madres, que fueron víctimas de la crueldad de las abuelas, quienes a su vez fueron víctimas de horrores aún más horrorosos de las bisabuelas. Sin embargo, nace un nuevo niño que puede quedar apartado de estos encadenamientos locos. Si pudiéramos tomar la decisión de **hacerle caso al niño** y beber de su sabiduría innata y **usar solo el criterio del niño**, podríamos reparar años de violencia inhumana.

¿Cómo lo haríamos? Respondiendo milimétricamente a lo que el niño necesita. No hay peligro porque **nadie pide lo que no necesita**. El niño no va a pedir nada que no surja del fondo de su ser. Simplemente, tendremos que ponernos en sus manos y responder, aprendiendo y **confiando en el sentido común del niño**.

¿Cómo podemos, los varones adultos, recuperar el criterio personal cuando fuimos criados, cuando éramos niños, por una madre desequilibrada? Lo ideal es que, en la actualidad, apoyemos a nuestras mujeres para que ellas confíen en nuestros hijos pequeños. Esos niños serán nuestros guías.

Refugios, guaridas y escondites

Si provenimos del caos, del descontrol o de la imprevisibilidad **materna**, tenemos dos opciones: la primera, lamentable, es que **perpetuemos el mismo desequilibrio**. Es decir, que nuestra psique se haya desorganizado tanto como la de nuestra madre y que no encontremos orden, lógica, estructura ni arraigo. Hasta el día de hoy, no hemos logrado resultados con el sistema de la **biografía humana**. Porque esta manera de trabajar **invita al orden**. Intentamos un acomodamiento de las piezas del rompecabezas. Pero hay individuos con quienes, hasta hoy (no sé qué opciones encontraremos en el futuro), no hemos logrado establecer una mínima organización mental. Describiré ejemplos en los próximos capítulos.

La otra opción es que los hijos de madres desequilibradas busquemos un **ámbito seguro** en el cual resguardarnos. A esos refugios sólidos suelo llamarlos «búnkeres» en alusión a esos sótanos construidos bajo tierra con puertas de acceso destinadas a pocas personas designadas y víveres para sobrevivir durante un largo período de guerras, explosiones de bombas y armas mortíferas. El búnker tiene paredes gruesas y allí los individuos podemos guarecernos y sentirnos a salvo.

Los diferentes estilos de búnker los vamos construyendo

en nuestro interior desde que somos niños. Luego se constituirán en refugios automáticos que usaremos sin darnos
cuenta, incluso durante la edad adulta, ya que seguiremos
creyendo que son indispensables para nuestra supervivien-
cia. Es verdad que cuando éramos niños esos escondites fueron imprescindibles. Pero el proceso de la **biografía humana** deja al descubierto que al devenir adultos los búnkeres ya
no son asilos protectores, sino que pueden convertirse en
nuestras propias cárceles. No siempre se trata de lugares físicos, sino que a menudo erigimos **ideas defendidas con total intransigencia**. Otras veces son conceptos, valores morales
o posiciones a favor o en contra de lo que sea, con un nivel
de rigidez tal que nos mantienen fieles a una línea discursiva
dura. De ese modo, rechazamos tajantemente cualquier sentimiento, propuesta o necesidad diferente de los demás, ya
que las vivimos como si fueran peligrosas por el solo hecho
de que no coinciden con las propias.

En lugar de juzgar a las personas intransigentes o intole-
rantes con respecto a las diferencias, vale la pena **registrar el
miedo**. Sí, es un miedo bestial. En nuestro interior aún vi-
bran las experiencias grabadas a fuego como consecuencia
de la **imprevisibilidad de nuestras madres**. La manera que
hemos encontrado para **sobrevivir al caos** ha sido estrechan-
do al máximo las ideas o los valores hasta hallar un cauce
controlado, dentro de un eje específico y con límites muy
precisos. Es entendible que más tarde cualquier alteración
en las ideas, en lo que consideramos bueno o correcto e incluso en las rutinas cotidianas, nos resulte amenazadora. Encontraremos tranquilidad solo en la medida en que todo esté
bajo control.

El origen del miedo

Quiero hacer hincapié en la intransigencia y la intolerancia, que son actitudes muy comunes en nuestra civilización. Mi intención es demostrar cuál es el sentido y la lógica que las sostiene. **Los seres humanos no nacemos rígidos, sino blandos.** No nacemos con miedo ni paranoia, sino que vamos adquiriendo esos mecanismos por la falta de cuidado y protección que fueron demasiado difíciles de sobrellevar con nuestros escasos recursos cuando éramos niños.

Pretender atrapar las ideas y mantenerlas cautivas es un gran malentendido. Porque las ideas son del viento. Las ideas son maleables porque no están en ninguna parte. Las ideas las creamos, las organizamos y las cambiamos con solo pensarlas. Las ideas son libres y movibles por definición, ya que pertenecen al ámbito de la mente. Sin embargo, cuando los individuos hemos crecido en un ambiente **sin reglas claras en términos emocionales**, puesto que ese era el ámbito que debía ser inamovible: un territorio de amor inconmensurable, luego nos amparamos bajo cualquier idea que sea todo lo inamovible que logremos que sea. Es interesante darnos cuenta de que fijar una idea es tan imposible como pretender que no cambie el clima. Sin embargo... eso es lo que hacemos. Pensamos algo y lo encerramos dentro de un bloque ideológico lo más restringido, inalterable, duradero y quieto posible. ¿Qué ideas? Cualesquiera. Una manera eficaz es ordenando un conjunto de conceptos entre bien y mal, de un modo categórico y rígido.

Es evidente que, cuanto más obstinados devengamos, más temor nos causará cualquier situación que se aleje de nuestras ideas establecidas. Pensemos en nuestros propios padres severos cuando no han tolerado que durante nuestra adolescencia hayamos encontrado formatos, vocaciones o parejas que no cumplían con sus ideales: el derrumbe emocional para nuestros padres en algunos casos ha sido devastador. No estoy juzgando quién tenía razón, sino que estoy tratando de contemplar los motivos inconscientes, basados en las vivencias caóticas de sus respectivas infancias, para tener tanto miedo al tocar lo diferente en el área que sea. Un novio de otra cultura que la hija trae a casa, una elección de carrera poco convencional o la decisión de dejar de comer carne, a simple vista, parecen tonterías, pero pueden representar, para un individuo que precisa restringir su mente dentro de cánones muy conocidos y controlados, un peligro emocional de proporciones considerables.

Las ideas estrictas nos permiten trazar un límite claro, aunque ilusorio, entre el «aquí adentro» y el «allá afuera» decidiendo quiénes serán invitados a nuestra fiesta y quiénes no. De hecho, marcan límites a veces más infranqueables que las fronteras entre países.

A escala colectiva, observemos cómo se organizan las ideologías políticas y las guerras sangrientas que a lo largo de la historia hemos afrontado los seres humanos. ¿En nombre de qué? De ideas inflexibles. Respondiendo al miedo que nos produce cualquier individuo, tribu o comunidad que aparezca como diferente, es decir, peligroso. Insisto en que una idea, por definición, no puede ser inamovible. Las ideas rígidas son meras **reacciones automáticas por miedo**. Ese miedo no es social, es individual. Claro que si sumamos todos los miedos individuales, nos convertiremos en un ejército de dragones aterrorizados y eso nunca va a arrojar resultados agradables.

El **origen del miedo** está inscrito en la **vivencia primaria** por no haber sido sostenidos, abrazados, cobijados y protegidos desde nuestra primera respiración. Si hubo momentos terroríficos en nuestra vida, fueron principalmente esos. Sumado a los años posteriores de infancias desamparadas que profundizaron las mismas escenas de desprotección del inicio. Por ello, observemos de qué modo esas **experiencias individuales** se traducen luego en **reacciones colectivas** y con qué frecuencia defendemos con pasión ideas recalcitrantes como si tuvieran alguna importancia. Como si los pensamientos no fueran a cambiar. Como si la vida no fuera un movimiento continuo y fluctuante.

Podemos imaginar cuál ha sido el nivel de caos emocional durante nuestra infancia cuando nos pasamos la vida intentando aquietar al viento. En esos infructuosos intentos, perdemos la energía vital en lugar de usarla para hacer el bien al prójimo y amar.

LAS FAMILIAS ENDOGÁMICAS

Hay muchas otras maneras con las que pretendemos **regular la vida dentro de un orden fijo** para encontrar un alivio externo que de todas maneras internamente no nos alcanzará. Por ejemplo, estableciendo nuestra vida familiar **controlada** dentro de organizaciones endogámicas. ¿Qué es una familia endogámica? Es una familia con reglas muy claras que ofrece suficiente amparo, muchas veces incluso proveyendo económicamente u ofreciendo trabajo dentro del negocio familiar, de tal modo que ningún individuo precise buscar alimento, recursos o afecto por fuera de los muros de la familia. He descrito la función de estas familias en mi libro *La revolución de las madres*, pero diré que si observamos estos fenómenos, incluyendo el probable desequilibrio de la madre de quien erige la endogamia, que suele ser el patriarca o la matriarca de la familia, será más claro seguir el hilo invisible del **caos** pasado y de la necesidad de cerrar fronteras puertas adentro.

Claro que a veces precisamos observar con lente ampliada incluyendo varias generaciones. Otras veces encontramos rápidamente la relación entre una madre desquiciada y la imperiosa necesidad de alguno de sus hijos de establecer toda su vida bajo un estricto control. ¿Es bueno o malo el sistema endogámico? No tiene ninguna importancia. En principio provee suficiente dominio y vigilancia sobre los miembros de la familia, por lo tanto, instala un nivel de seguridad y confort que hará posible que uno o varios individuos sintamos la confianza necesaria para vincularnos afectivamente, trabajar y desarrollar nuestras aptitudes. Todo esto es obviamente positivo. También, en la medida en que dominemos y vigilemos nuestros propios territorios, seremos capaces de ofrecer sustento, amparo y seguridad a nuestra descendencia. Los hijos nacidos en el seno de las endogamias generalmente atravesamos buenas infancias. Puede aparecer un conflicto cuando alguno de nosotros anhele una cuota de libertad. Ya sabemos: **la libertad es opuesta al control**. La libertad es libre, por lo tanto volátil, cambiante y atrevida. Cuando algún hijo, ya crecido, pretenda emanciparse... justo en ese momento constataremos si toleramos esas prerrogativas de independencia o si entramos en pánico. Sin juzgar los movimientos de unos u otros, vale la pena observar que el nivel de **miedo** que desata la osadía de algún miembro de la endogamia al soltar la seguridad familiar, nos permite imaginar el escenario desordenado e imprevisible del cual provenimos cuando fuimos niños.

En ningún caso estoy afirmando que un modo de organizar la vida familiar sea mejor que el otro. Solo estamos tratando de comprender por qué, en ocasiones, las personas precisamos estructuras firmes y persistentes, ya que de nada vale discutir en el plano teórico si algo está bien o mal, si los jóvenes precisan más libertad o más mano dura, si hay que mantener la mentalidad abierta o mejor preservar las tradiciones. Lo que importa es comprender las circunstancias en las que están basadas nuestras reacciones, que son automáticas y nos han servido para sobrevivir al horror infantil, y que tienen su razón de ser.

Vale aclarar que no todos los jóvenes pretendemos escapar de las garras de la endogamia. Al contrario, muchísimos jóvenes que provenimos de madres que nos han abandonado de diferentes maneras, hayamos sufrido soledad o desarraigo durante nuestra niñez, estaremos ávidos por enamorarnos de alguien perteneciente a una endogamia que nos caliente el corazón, nos ofrezca comida deliciosa y nos acoja. Por eso siempre tenemos que observar con ojos bien abiertos, intentar comprender la totalidad de las lógicas vinculares, sabiendo que los seres humanos buscamos resarcir el confort y el placer que no hemos tenido en el pasado bajo modalidades que encajen en eso que nos falta, lo sepamos o no.

SOBRE LA RIGIDEZ Y LA OBEDIENCIA

Propongo seguir revisando otros mecanismos habituales que **nos salvan de la locura materna** vivida durante la niñez: en principio cualquier estructura concreta y rígida, con leyes severas e inflexibles, se puede convertir en un paraíso para quienes necesitamos **reglas confiables que nos calmen**. Algunas instituciones, en la medida en que tengan jerarquías bien establecidas y que haya que cumplirlas o que exista una línea de mando clara y la obediencia nos exima de tener que pensar o tomar decisiones con perturbadora libertad, se van a convertir en oasis de calma y bienestar. No exagero. De hecho, muchísimos individuos ingresamos y permanecemos años, a veces toda la vida, en instituciones cuya dureza y represión se convierten en un bálsamo, si provenimos de infancias con madres atormentadas, negligentes, descuidadas, imprevisibles o cambiantes.

Los cuarteles militares son perfectos. Ni el pelo tiene permiso para despeinarse. Si en tantas latitudes y a lo largo de toda la historia del patriarcado, los ejércitos no solo han existido, sino que gozan de buena reputación, es porque los precisamos. No es verdad que nos hagan falta para ganar batallas. De hecho, en la actualidad hay pocos países con conflictos bélicos declarados. Pero necesitamos los ejércitos para sentirnos bien. Para experimentar un máximo control sobre nuestras almas lastimadas y poder vivir cada día en paz.

Algunas iglesias funcionan con sistemas análogos: allí también hay una jerarquía determinada y, además, hay ritos que cumplir y rutinas que obedecer. Todo ese cúmulo de tareas organizadas, repetidas y sobre todo desplegadas en un marco de cobijo espiritual, se convierten en un campo de flores perfumadas para nuestros corazones heridos. Por supuesto que no estoy hablando de la espiritualidad, sino de la forma endogámica que asumen algunas instituciones eclesiásticas ofreciéndonos un terreno de **pertenencia y lealtad** que sostenemos para calmar nuestro desorden emocional histórico. ¿Podría haber espiritualidad sin iglesias? Claro, pero tendríamos que fluir con la dicha de nuestro espíritu libre, buscando maestros aquí y allá y cotejando los distintos aprendizajes con nuestro **sentido común**. Pero ya hemos visto que el sentido común es el menos común de los sentidos. Así, es habitual que seamos fieles a las estructuras, sobre todo si los sacerdotes son autoritarios o bien si poseen un carisma tal que nos ofrezca la firmeza que necesitamos. Por eso la adhesión pasional a ciertas iglesias no tiene tanto que ver con la sintonía espiritual que encontremos, sino sobre todo con el refugio estricto y riguroso que nos aporta seguridad.

Por otra parte, la **obediencia** en sí misma, en cualquiera de sus formatos, también se constituye en un búnker legítimo para los adultos que provenimos de escenarios de **caos emocional**. Podemos obedecer a un militar de mayor rango, a un sacerdote, a un maestro, a un jefe de la empresa en la que trabajamos, a un político o a una pareja. Sí, la obediencia, y el miedo que la sostiene, nos permite movernos en un rango estrecho en la medida en que los deseos del individuo o la empresa que los impone, sean claros y precisos. Si la imprevisibilidad de nuestras madres, cuando éramos niños, nos obligaba a estar en permanente alerta, hoy, siendo adultos, no sentiremos el peso de la obediencia ya que obedecer a órdenes repetidas es mucho menos trabajoso que no saber a qué atenernos. Por eso algunos adultos vivimos con júbilo la posibilidad de responder milimétricamente a quienes son capaces de formular indicaciones claras, inalterables y en lo posible perennes.

MÁXIMO CONTROL VERSUS IMPREVISIBILIDAD

Muchos de nosotros hemos aprendido, a lo largo de toda nuestra escolaridad, que la mejor manera de atravesarla ha sido obedeciendo a nuestros superiores. Quienes hemos tenido **madres desquiciadas** nos hemos adaptado con mayor facilidad a la **obediencia**. Incluso solemos tener recuerdos bastante gratos de la escuela a menos que, incluso obedeciendo, el maltrato y la violencia tanto de los maestros como de nuestros compañeros, hayan estado presentes sin que la obediencia haya podido menguar tal injusticia. Por el contrario, quienes hemos resistido la obediencia impuesta en la escuela, probablemente en casa hemos estado más expulsados del territorio emocional materno, sin locura ni imprevisibilidad, pero tampoco sin amparo. Por lo tanto, el modo de sobrevivir era otro: era una invitación a arreglarnos libremente fuera de toda estructura.

Si nos disponemos a observar nuestras conductas y las de los individuos que circulan en nuestro entorno, registraremos un sinnúmero de actitudes que son puras reacciones de los personajes que nos han dado amparo y con los que hemos sobrevivido al desamor materno. En el caso del **desequilibrio de nuestra madre**, casi siempre buscaremos restringir al máximo lo que sea, para lograr **mayor control**. Por ejemplo, observemos a quienes iniciamos dietas alimentarias estrictas. Una vez más se trata de la tranquilidad que nos aporta tener **bajo control** milimétrico algo que va a entrar nada menos que en el interior de nuestro cuerpo y que puede hacernos daño, como nuestra madre. Sobre la anorexia he escrito bastante en *La revolución de las madres*, pero revisemos cómo funciona en cada caso la restricción exagerada.

Por supuesto que cada vez hay más dietas disponibles por el grado de contaminación alimentaria que venimos sufriendo como consecuencia de la extrema industrialización de los alimentos. Pero me refiero a la necesidad emocional de tener **bajo control** hasta la más mínima porción de alimento, cuando se trata, no de un problema de salud como por ejemplo la celiaquía o la diabetes, sino de **la fuerza de una idea**. Cuando las posiciones tomadas son estrictas y la implementación de esos pensamientos o decisiones, en este caso de una dieta en particular, se convierte en un asunto tan importante para mantenernos en máxima alerta... es porque estamos calmando otra cosa en nuestro interior. La necesidad de **control** es más importante que la dieta vegana, ayurvédica, macrobiótica o prehistórica. Observémoslo de forma panorámica y constatemos qué encontramos.

En general, cualquier situación o vínculo que tenga un nivel de rigidez e inamovilidad importantes pueden responder a nuestra necesidad emocional de que **no haya imprevistos**, porque ya no los podríamos tolerar y, además, porque **han minado nuestro criterio personal**. No podemos contar con esa certeza interna, sino con la inmovilidad y la persistencia de aquello que se mantiene sólido y estable. Por ejemplo, es probable que nos vinculemos amorosamente con una pareja estricta en algún área (puede que sea extremadamente disciplinado con su higiene o con las rutinas del hogar, o que no tolere ningún punto de vista diferente al propio) y, aunque nos quejemos de su autoritarismo, sea la persona con la que más seguros nos sentimos. O simplemente nos vinculamos con alguien perteneciente a una endogamia o a un círculo afectivo muy restringido que también nos aseguran un ámbito de pertenencia con reglas precisas y sin cambios. Cuando nuestra pareja es quien nos aporta seguridad por el grado de estabilidad y permanencia, es posible que no resulte tan clara nuestra necesidad de orden, ya que tal vez nos quejemos de tanta rigidez. Sin embargo... hemos proyectado en nuestro cónyuge el nivel de orden y estructura que nosotros no hemos asumido.

Las obsesiones como rituales para conseguir seguridad

Las **obsesiones** también son búnkeres posibles. Cuando las obsesiones en nuestra vida diaria comprometen cada acto cotidiano, a veces somos diagnosticados con las siglas TOC (Trastorno Obsesivo Compulsivo). Pero ese trastorno no vino en nuestro ADN, sino que es una **respuesta inteligente al caos emocional del cual provenimos**. Para no caer en un desequilibrio similar al de nuestra madre, hemos aumentado al máximo el control de nuestras capacidades. Ponemos especial atención para que ningún detalle quede fuera de nuestro dominio. Habitualmente necesitamos mantener bajo vigilancia hechos cotidianos como la limpieza, el orden en el hogar, las puertas cerradas o la estricta organización de la ropa en los armarios. También precisamos convertir cada acto en un ritual, a falta de rituales cotidianos cuando éramos niños, como el respeto por nuestros ritmos de hambre, saciedad, sueño o vigilia.

Los rituales son estrictamente necesarios cuando somos niños: en efecto, que ciertos acontecimientos sucedan de la misma manera cada vez, por ejemplo que siempre nos lean un cuento antes de ir a dormir, que siempre pasemos por el quiosco cuando volvemos de la escuela o que siempre estemos sentados en el mismo sitio alrededor de la mesa, nos otorga seguridad. La repetición de ciertas acciones se convierte en parámetros confiables cuando los niños aún no manejamos los conceptos de tiempo y espacio. Por ejemplo, saber que nuestra madre regresa del trabajo cuando estamos tomando la merienda, es una referencia fiable. Confiar en que cuando nuestro padre abre la puerta de casa a la mañana temprano después de sacar al perro a pasear es porque va a venir a despertarnos, es otra referencia fiable. Pero si no obtuvimos una infinidad de pequeñas acciones que nos otorgaran resguardo cuando éramos niños, o peor aún, si nuestra madre era tan imprevisible que resultaba imposible comprobar que lo que decía o hacía era coherente, es lógico que al devenir adultos inventemos **rituales que nos devuelvan una porción de esa anhelada seguridad**.

Las **obsesiones**, en ese sentido, son una manera de generar rituales con el **propósito de calmarnos**. En efecto, lo logramos en la mayoría de los casos, siempre y cuando mantengamos el control total para que no surjan imprevistos.

Por eso necesitamos comprobar una y otra vez que la llave del gas está cerrada. A veces precisamos aquietar la mente que ha entrado en pánico: por eso tenemos pensamientos reiterativos que nos aseguran, una y otra vez, que hemos verificado cada una de nuestras preocupaciones. Las personas que padecemos TOC solemos encontrar nuestro propio confort ejerciendo en privado nuestros rituales de costumbre, por eso necesitamos momentos de soledad para poder hacer el ritual que sea en paz, aunque suponemos que eso que padecemos es una enfermedad y que tendríamos que superarla. Ese es un error. No se trata de ninguna enfermedad. Es una respuesta compensatoria y confortable para superar el abandono y la falta de cuidados que sufrimos cuando éramos niños. ¿Acaso no es agotador convertir en ritual cada salida de casa? Sí, pero muchísimo peor fueron las experiencias de desamor y crueldad vividas durante la niñez, así que esto tampoco es tan grave. Lo que sí merecemos las personas con TOC es que a nadie le parezca tan horrible lo que nos pasa hoy y, en cambio, comprendan qué horrible ha sido nuestra infancia.

Como hemos visto, búnkeres posibles hay muchos. Y frente a panoramas tan devastadores, considero que son soluciones perspicaces a favor de la supervivencia emocional.

REFUGIOS COMPENSATORIOS

Estoy intentando mostrar que la **locura materna** puede producir estragos diferentes en cada uno de nosotros y que entre los más habituales está la búsqueda desesperada de una

estructura rígida, la que sea... aunque luego esa rigidez aprisione todo lo creativo, amoroso y tierno que hay en nuestro interior. Por eso propongo un ejercicio para la mente ya que, tal como he descrito en *La biografía humana*, si nos interesa comprender la conducta humana tendremos que agudizar nuestra razón y nuestra intuición, olfatear con espíritu de detectives hasta hallar la lógica de cada escenario y comprenderlo. Entiendo que la única manera para que los seres humanos nos comprendamos entre nosotros y nos solidaricemos... es ¡entendiendo por qué y para qué hacemos lo que hacemos! En principio, nuestras reacciones son **compensaciones infantiles**... a menos que alguna vez nos demos cuenta y decidamos elegir con conciencia y madurez, es decir, no dirigidos desde el miedo, sino con el deseo ferviente de hacer el bien.

Es verdad que hay diferentes escenarios que nos prodigan un máximo de orden, pero son difíciles de detectar. ¿Cómo darnos cuenta dónde aparecen los búnkeres si a veces son concretos, pero otras veces son sutiles y se ven enmascarados por el complejo comportamiento humano? En principio, cuanto más restringidos y escondidos estén y menos opciones de cambio haya, vale la pena que los observemos como búnkeres de protección. A veces estamos literalmente encerrados, viviendo solos, con mínimos intercambios mentales o laborales con otras personas, con un pequeño círculo de amigos o conocidos, que de todas formas saben muy poco sobre nuestros vaivenes emocionales. Atravesando múltiples terapias, pero enredándonos en interpretaciones que no nos ayudan a observar lo que hay: un eterno y persistente miedo de que nuestra madre, o quien sea en la actualidad, nos arranque de la rutina fiable que hemos instaurado y nos arroje a un terreno de arenas movedizas e imprevisibles.

¿Es obligatorio dejar esos búnkeres rígidos? No. De hecho, creo que son **compensatorios y tranquilizantes**. Pero sí vale la pena reconocer que ninguna defensa férrea de lo que sea, idea, institución, sistema moral o filosofía, tiene tanta razón de ser. Son apenas territorios que nos han permitido sobrevivir y por eso estamos agradecidos. Pero si deseamos ir más allá, si estamos listos para dejar las reacciones infantiles y tomar nuestra adultez entre las manos, al menos miremos con ojos limpios que el monstruo que nos ha lastimado ya no está. Que ya nadie puede hacernos daño. Y que sería una pena permanecer encerrados cuando hay una humanidad entera que nos está esperando.

El problema de la lealtad

Existen diversos formatos de búnkeres, algunos son concretos y otros son sutiles. Dentro de este abanico de opciones para organizar una estructura interna que nos ofrezca sostén, aparece un sistema habitual que es **la lealtad**. Recordemos que las criaturas humanas nacemos dependientes de los cuidados maternos y sabemos que para nuestra supervivencia alguien tendrá que ofrecernos **seguridad**. Resulta que si hubiéramos obtenido la **seguridad básica cuando éramos bebés o niños pequeños**, hoy no estaríamos tan necesitados de resguardo. Pero las cosas han acontecido así.

De niños éramos vulnerables, por lo tanto es lógico que hayamos tenido conciencia del nivel de amparo que precisábamos para sobrevivir. Lamentablemente, la experiencia de no tener a nadie que esté sintonizado con nuestras inmensas necesidades y nos ofrezca protección, nos ha obligado a hacer algo para obtenerla.

Cada uno de nosotros ha utilizado diversos mecanismos de supervivencia, todos descritos en mis libros anteriores, a través de lo que he denominado nuestros personajes. Con algunos personajes a cuestas, con frecuencia hemos prometido **lealtad a cambio de protección**. Claro que todas estas actitudes han sido y siguen siendo inconscientes, ya que se han ido organizando automáticamente desde que éramos muy pequeños. ¿Por qué haríamos tal cosa?

Porque estamos dispuestos a pagar algún precio con tal de obtener aquello que precisamos para subsistir. Somos capaces de devolver con creces el favor recibido.

La primera e indestructible **lealtad** se ha establecido **hacia nuestra madre**. ¿Por qué? Porque dependíamos de nuestra madre, aunque haya sido violenta, alcohólica, depresiva, quejosa, desconectada o cruel. En todos los casos, el bienestar que podíamos recibir dependía de ella. Era tal la necesidad que teníamos de obtener cuidados, que éramos capaces de ofrecerle nuestra vida con tal de absorber esas migajas de amor. La **lealtad a nuestra madre** es tan habitual que es complejo observar con ojos limpios cómo funciona, porque casi no encontramos sentimientos maduros en ningún individuo que pueda tener una mirada objetiva y cercana real de esa señora que nos crio. En algunos casos, si hemos quedado en la trinchera de nuestro padre, de la abuela o de la tía materna, es probable que no seamos leales a nuestra madre... pero lamento decir que la lealtad la tendremos proyectada en aquella persona que nos usó de rehén en la guerra contra nuestra madre. Por ejemplo, seremos leales a nuestro padre. Pero este detalle no cambia la cuestión de fondo.

LEALES Y TRAIDORES

¿Cómo podemos saber a quién somos leales? Tratando de detectar «por boca de quién hablamos». Pero ¿cómo determinamos si en nuestro caso somos leales a nuestra madre o a la abuela? Para responder, tendremos que adentrarnos en el despliegue completo de la **biografía humana** de cada individuo. ¿Puede suceder que no seamos leales a nadie? Sí, cuando se trata de casos de exilio emocional, pero no desarrollaré esos conceptos en el presente libro. Por ahora pensemos que habitualmente vamos a agradecer con **lealtad permanente** a quien sea dueño del discurso, con quien nos hemos identificado por pura necesidad de supervivencia.

Si hemos organizado todo nuestro entendimiento según lo que nuestra madre nos ha dicho, es muy probable que todo nuestro sistema de creencias esté alineado. Podemos comprobarlo a cada rato: no nos gusta que nadie cuestione la figura de nuestra madre. Nos parece una falta de respeto y sobre todo una **traición** a todo lo que nuestra madre hizo por nosotros. ¿Es verdad que hizo mucho? Desde el punto de vista de nuestra madre, sí, ella ha hecho el máximo de lo que ha podido, no cabe duda. Insisto en que, cuando no toleramos que alguien cuestione a nuestra madre, es porque la lealtad funciona de pleno. Respondemos a una promesa que hicimos desde tiempos remotos y se alimenta del miedo al abandono, que fue la amenaza recurrente. El voto original fue: «Si te quedas conmigo, nada malo te va a acontecer». Esta afirmación esconde la siguiente: «Si te vas a otro territorio o si me abandonas, no te voy a proteger y estarás en peligro».

Observemos que los niños nos quedamos sin elección. Claro que precisamos la protección de nuestra madre, pero tendría que haber funcionado **sin condiciones**. Porque los niños no tenemos que devolver el favor por haber sido amparados. Aquí hay un engaño: las madres, infantiles y hambrientas como consecuencia de nuestra propia infancia, exigimos compañía y protección de nuestros hijos a través de la lealtad que nos prodigan, y a cambio les deslizaremos algunas migajas de atención.

Este sistema de lealtad hacia nuestras madres más tarde opera de modo similar en otras relaciones personales y también en las **relaciones colectivas**. El peligro es que **la lealtad no entra en razones**. La lealtad significa que vamos a estar del lado de ese individuo, o de esa ideología, de esa moral o de esa empresa, **pase lo que pase**. Somos de ese bando. Y cualquier pensamiento autónomo o distinto será considerado una **traición**.

He aquí un grave problema: tenemos por un lado **lealtad absoluta** y por el otro lado tenemos **traición**. No hay medias tintas.

¿Cómo fuimos construyendo este funcionamiento tan extremista? Resulta que entre vivir y morir tampoco hay medias tintas. Si nos aferramos a las gotas de amor que nuestra madre haya podido prodigarnos y la escasez afectiva era una vivencia bien real, lo que prometeremos a cambio será todo en lugar de un poco. Nuestra vida bien vale arriesgar todo lo que poseemos.

Si tenemos hambre, comeremos primero. No habrá solidaridad ni respeto ni amabilidad. Con respecto a la falta de amor materno sucede lo mismo: habrá guerra por migajas. Por lo tanto, se consolidarán dos bandos, los de aquí y los de allí. **Los leales y los traidores**. Nuestra madre ha dejado los bandos bien establecidos. En el recorrido de cada **biografía humana**, podremos detectar con claridad estos mecanismos que en general se vislumbran dentro de las dinámicas familiares. Por ejemplo, hay hijos que están en el bando de la abuela e hijos que están en el bando de su madre. Cada uno tiene una visión parcial, y **leal**, de los asuntos familiares. La realidad es que los adultos en guerra son quienes disponen los bandos y quienes obtienen apoyo y mirada de los niños. Un despropósito.

DEL MIEDO INFANTIL A LA LEALTAD HACIA CUALQUIER
FALSO LÍDER

La **lealtad** se organiza durante la **primera infancia** y siempre con relación a nuestra madre, o a la persona que nos crio. Luego reproducimos la misma lógica en todos los vínculos afectivos. Tejemos las amistades en base a **alianzas**, no en base a la solidaridad. Tendríamos que ser mucho más maduros y conscientes de nosotros mismos para sostener amistades apoyadas en la comprensión de nuestros estados emocionales y tratando de funcionar como abogados del diablo de nuestros amigos. Sin embargo, no lo hacemos: preferimos las alianzas para sentirnos seguros. Cuantos más nos juntamos en un lado (porque nos gusta la misma banda de música, porque nos gusta el maíz o porque compartimos el mismo deporte), más forjamos la alianza y la fidelidad dentro del grupo. Las amistades suelen ser lugares en los que nos prodigamos mutuamente seguridad, siempre y cuando seamos **leales** con eso que hemos acordado desde tiempos remotos. En cambio, **la traición de esos acuerdos antiguos** será pagada con el destierro.

A nivel colectivo sucede exactamente lo mismo. **La política** parece apoyarse en un juego de lealtades y traiciones, cuando en verdad son malentendidos basados en inseguridades infantiles. De hecho, en la medida en que más personas provengamos de historias de inseguridad básica, nos adheriremos con absoluta **lealtad a falsos líderes**, a una idea, un partido político o a cualquier instancia que **nos asegure la pertenencia**.

El problema no es que nos guste una idea o una posición política cualquiera. El problema es que actuamos por lealtad. Es decir, **prisioneros del miedo infantil de quedarnos sin un ámbito de seguridad**. Peor aún, si algún individuo tiene la osadía de desmarcarse, abandonar el partido, cambiar de opinión, disentir o lo que sea, será considerado **traidor**. Recordemos que en estas instancias no hay medias tintas.

La **lealtad** es otro búnker estupendo. Tiene bien delimitado lo que considera bueno o malo. Hay aliados en el aquí adentro y enemigos en el allí afuera. Sin embargo, trae consigo una gran dificultad y es que nos ciega. Cuando somos soldados fieles y leales de quien sea, o de lo que sea, perdemos toda subjetividad desplegando nuestra fuerza vital para salvaguardar a quien nos ha dado amparo sin que medie razón, deseo propio ni criterio.

Lamentablemente, la lealtad a ultranza suele ser una proyección de esa necesidad, que pasa por **responder milimétricamente a las necesidades de nuestra madre para ser queridos por ella**. No importa cuánto nos hayamos esforzado, probablemente nuestra madre haya continuado mirándose a sí misma abandonándonos en el más absoluto vacío existencial. Sin embargo, la lealtad nos ha permitido mantener la ilusión de que estábamos ligados a ella. O a quien sea en la actualidad.

La lealtad es un pacto de supervivencia falso. Nadie nos dará el amparo emocional que precisamos, aunque nosotros no perderemos las esperanzas. Insisto en que estos son malentendidos que mantenemos a lo largo de nuestra vida y que enlazados con las historias de muchos otros individuos tan desamparados como nosotros en busca de resguardo, conformaremos **ejércitos de soldados dispuestos a dar la vida por quien nos prometa una mínima cuota de amor**. Es obvio que en el seno de pueblos empobrecidos e inmaduros, los políticos utilizan los mismos mecanismos que usamos las madres para mantener a nuestros hijos a nuestros pies.

Si hay lealtad, no hay libertad. Si hay lealtad, no hay pensamiento autónomo ni creatividad.

Pensémoslo al revés: si fuéramos un gobernante o una corporación con poder real y con un grado de conciencia importantes, es decir, si fuéramos maduros, no precisaríamos la lealtad de nadie. Porque el verdadero poder no es tener sometidos a los demás satisfaciendo nuestros caprichos. **El poder es la capacidad de amar y de estar al servicio del otro**, despojados de nuestras necesidades infantiles.

El juego de lealtades y traiciones lo organizamos tanto quienes somos leales como quienes exigimos a los demás que sean leales con nosotros. Desde el ámbito de poder, no importa cuánta lealtad nos prodiguen... nunca obtendremos confianza, ya que la confianza interior se organiza, o no, durante nuestra primera infancia. A menos que comprendamos qué nos ha sucedido, constatemos la diferencia entre ser niño y ser adulto y asumamos que ya no necesitamos que nadie nos cuide. Que no nos puede pasar nada malo porque hemos crecido.

Si nuestros gobernantes nos exigen lealtad es porque no se puede confiar en ellos en el sentido que están buscando su propio confort en lugar de derramar armonía y abundancia sobre los demás. Ninguna promesa será cumplida, sino al contrario, pues han percibido la extrema necesidad en cada uno de nosotros de sostener la ilusión de pertenencia y pagar el precio que haga falta. Cuando la lealtad está presente, tanto en un vínculo personal como en una comunidad, podremos comprobar lo inmaduros, maleables y manipulables que somos. ¿Cómo solucionarlo? No se trata de abandonar el vínculo o la admiración o la pertenencia al lugar que sea, sino de reconocer, en primer lugar, el vacío existencial del que provenimos, el desorden emocional y la falta de referentes maternos coherentes.

Las revoluciones sociales iniciadas con buenas intenciones han fracasado a lo largo de la historia porque han sido organizadas en base a la lealtad inamovible hacia los líderes. Esa lealtad nos quita todo atisbo de libertad. Sin libertad, pensamiento autónomo ni criterio personal, **no hay revolución posible**. No importa qué ideologías nos generen más simpatía, el problema no es la supuesta idea, sino el funcionamiento colectivo basado en miedos infantiles aterradores. Por eso, insisto, a lo largo de la historia los pueblos hemos seguido fielmente a nuestros líderes hasta circunstancias absurdas, sangrientas, salvajes e inhumanas sin osar apartarnos un ápice del territorio de lealtad. La lealtad hace estragos porque es consecuencia del miedo. Recordemos: cuando la lealtad está presente por sobre de los demás valores, es porque estamos perdidos.

¿Se puede vivir sin lealtad a algo o a alguien? ¿Acaso está mal que tengamos ideas, gustos, opiniones o preferencias? En verdad, la única fidelidad debería organizarse en concordancia con el **yo auténtico**, con el **yo soy**. Si pudiésemos regresar a nuestro origen y estar en armonía con nuestro ser esencial, si pudiéramos comprender que ahora somos adultos y ya nada malo nos puede acontecer, si pudiéramos observar a nuestra madre con objetividad y comprender su historia y sus discapacidades, entonces nos otorgaríamos la libertad para mirar la realidad con ojos limpios y tomar decisiones libres en el área que sea. Sin miedo. Sin pagar ningún precio. Sin obedecer a nadie. Solo siendo fieles a nosotros mismos y a la comprensión que hayamos conseguido. Desde esa verdad basada en una indagación personal, podríamos actuar a favor del prójimo. Liberados del miedo. Fluyendo con el Todo.

Escenarios y personajes habituales

Enseñar la metodología de la **biografía humana** es difícil, aunque estoy empeñada, desde hace años, en mejorarla cada vez más. En mi afán por transmitir una modalidad que sirva para acompañar a quienes quieran revisar su yo auténtico, por fuera de la pequeña mirada engañada con la que habitualmente contamos, me vi en la obligación de sistematizar, teorizar y buscar coincidencias para que este método se convirtiera en una herramienta eficaz y concreta. Claro que cada vida es especial y única, pero fui detectando ciertas coincidencias que he utilizado como puntos de apoyo.

Toda la metodología está descrita en el libro *La biografía humana*, por lo tanto, no repetiré conceptos. Cada vez uso mejores referentes que funcionan como guías para el trabajo de cada behacheador. Pero aún no he encontrado una manera de enseñar cómo desarrollar el **olfato absoluto** que precisamos para convertirnos en **detectives del alma humana**. Simplemente, espero que cada profesional utilice esos recursos espontáneamente. En principio, suelo decir que el olfato se entrena con la experiencia, la práctica y el interés permanente por asistir a cada individuo en la búsqueda de su propia verdad. Sin olfato no podemos vislumbrar la totalidad de cada ser humano que está allí, esperando para ser descubierta.

Por eso acompañar el desarrollo de una **biografía humana** es un arte que combina un determinado orden que tendremos que encontrar dentro de la cronología de una vida, la lógica que la sostiene, el escenario de infancia y el personaje que le ha dado amparo y protección al niño hasta convertirse en el adulto que cada individuo es ahora. Este hilo imaginario que atraviesa la trama invisible de la vida de cada ser humano tiene una lógica. Esa lógica es la que tenemos que descubrir para comprenderla y, sobre todo, para que el dueño de esa vida la comprenda y tome decisiones conscientes, las que sean, para sí mismo y a favor de la gente que le rodea.

Sin embargo, la **biografía humana** no es una construcción mental. Sería peligroso convertirla en un cálculo de probabilidades, porque entonces caeríamos en las mismas interpretaciones, muy discutibles, a las que recurren otros sistemas, sobre todo la psicología convencional. Aquí entra en juego la **intuición** y sobre todo la **fusión emocional** entre el behacheador y el paciente. Sí, me refiero a la capacidad de sentir eso que el individuo siente, aunque no se da cuenta de que lo siente. ¿Cómo lo logramos? En principio, seremos capaces de sentir lo que sea si hemos hecho un recorrido honesto sobre nuestra **propia biografía humana** y si hemos derribado nuestras murallas emocionales al comprender que ya no vale la pena tener miedo. También si ya hemos constatado que el miedo tenía su razón de ser durante nuestra niñez, pero luego fuimos capaces de ordenar las experiencias reales comprendiendo las reacciones posteriores.

Lo que pertenece a la infancia hay que observarlo y reconocerlo en su justa medida, sobre todo el nivel de miedo como respuesta a la soledad, al maltrato o a la violencia a la que hemos estado sometidos. Lo que pertenece a la juventud es la constitución del personaje que nos ha dado amparo. Lo que pertenece a la edad adulta es la apropiación de los beneficios ocultos del personaje, a veces a favor de sí mismo, pero en detrimento de los demás. Y por último, lo que pertenece a un estado de conciencia mayor sobre la luz y sombra de nuestra vida, son las decisiones que tomaremos una vez hemos comprendido el orden y la lógica que sostienen nuestra propia **biografía humana**.

Solo entonces, despojados del miedo infantil o de la necesidad de ser reconocidos o de cualquier necesidad emocional, estaremos en condiciones de dejarnos fluir hasta entrar en sintonía con el otro. Esa entrega facilitará la **fusión emocional** y, sintiendo tanto las vivencias pasadas como los estados emocionales actuales del paciente, podremos aportar orden, mirada contemplativa y visión global. Sin juicios de valor, sin opiniones a favor ni en contra de nada, sin culpar a nadie, sino comprendiendo la lógica que sostiene cada vida humana.

El orden que propone la **biografía humana** se convierte en una pieza fundamental cuando, al intentar abordar la infancia de un paciente, nada parece encajar con nada. Justamente como consecuencia de la imposibilidad de ordenar recuerdos o por la falta de coherencia que aparecía en los relatos, empecé a vislumbrar los **estragos de los desequilibrios maternos** padecidos por los niños, que hoy convertidos en adultos se estaban visitando.

Quiero dejar constancia de que, en la mayoría de las consultas, en los primeros encuentros establecemos el orden y la lógica de una **biografía humana**, pero cuando no logramos pescar ningún orden por más que desarmemos los relatos confusos, mostremos las contradicciones y propongamos hipótesis que le puedan servir al paciente como referencia, consideraremos que el escenario de infancia parece estar teñido por algún tipo de **desequilibrio o incoherencia materna**. Porque el individuo no puede ordenar, mentalmente, nada en absoluto.

En casi todos estos casos nos ha sido útil mostrar al paciente una **imagen de caos** para plasmar el **desorden emocional** que produce en un niño la imprevisibilidad de una madre, la inconsistencia y la discontinuidad de sus palabras o de sus actos.

La vivencia interna del caos

Cuando abordamos la infancia, solemos hablar de escenarios. Porque los niños nacemos en un ámbito que tiene ciertas características: un tipo de familia, un nivel socioeconómico o cultural y una cantidad de especificaciones que van a influir radicalmente en el rango de opciones que nosotros tendremos que tomar en cuenta. Sirve pensarlo de manera cinematográfica: si la película comienza en medio de un desierto, habrá sed, distancia, sequedad, soledad y anhelo de sombra o frescura. Si la película comienza en medio de una batalla, habrá guerreros, supervivientes, muertos, adrenalina, estrategias, acción y trincheras. Si la película comienza en una imprenta familiar, habrá trabajadores, patrones, tintas, rollos de papel, ruido y máquinas funcionando. Si la película comienza en un castillo con una reina malvada, habrá súbditos, riquezas, traiciones, servidumbre y amoríos ocultos.

Establecer objetivamente cuál es el escenario en el que un niño ha nacido facilita la comprensión posterior, ya que la conducta o la adaptación del niño obligatoriamente tendrán **coherencia con su territorio de origen**. Ahora bien, cuando es difícil establecer el escenario porque los recuerdos son contradictorios o porque aparecen imágenes relativas a la madre que dan cuenta de desequilibrios importantes, diagnosticados o no (luego daré ejemplos), solemos mostrar la imagen de la página siguiente, para observar **el caos** con ojos bien abiertos.

Llama la atención que dicha imagen calme a los pacientes. ¿Por qué? Porque explica y refleja lo que efectivamente pasaba, pero que **nadie había explicado antes**. Solo después de establecer que el escenario era caótico, desordenado, descontrolado e imprevisible, algo sutil se ordena en el interior de cada individuo. Entonces aparecen cascadas de recuerdos, que empiezan a encajar en las vivencias contradictorias y que van confirmando la **locura** y la desorganización vividas durante la infancia. En algunos casos, lo que nuestra madre explicaba y lo que sucedía era tan diferente que no había modo de comprender qué pasaba. La imagen del caos confirma que no era posible comprender nada.

A veces los niños no teníamos ni siquiera una rutina diaria organizada. Otros niños hemos vivido experiencias violentas o crueles por parte de nuestra madre, o por parte de

CAOS

nuestro padre con el aval necesario de nuestra madre, hasta unos niveles de atrocidad inimaginables. Los niños, con frecuencia, no podemos organizar tanta maldad porque **no tiene puntos de encastre con nuestra naturaleza humana**. Eso nos deja en el más absoluto desamparo, sin puntos de referencia ni físicos ni emocionales. Es una caída al vacío existencial. Recordemos que la niñez es el período en el que estamos milimétricamente conectados con nuestro ser esencial; por lo tanto, todas las vivencias que no encajen con nuestra naturaleza serán rechazadas espontáneamente a través de diferentes manifestaciones, hasta que finalmente nos vayamos adaptando y mandemos al olvido el hilo que nos une con nuestro auténtico ser.

Una opción para resguardarse

En algunas ocasiones, podemos detectar que el **desorden** era inmenso, pero que sin embargo, ya desde pequeños, encontramos **algún refugio seguro** al que nos hemos aferrado como al aire que respiramos. Esos refugios varían: puede ser la casa de un compañero del colegio en la que una madre coherente nos recibe y nos permite permanecer allí. Puede ser la lectura compulsiva que nos envuelve en sus brazos imaginarios y nos acoge dentro del universo literario. Puede ser un deporte que practicamos con seriedad profesional y que nos demanda disciplina, horarios que cumplir y objetivos claros. Puede ser la investigación obsesiva sobre un tema de interés. Incluso, lamento confirmarlo, el refugio puede ser el abuso sexual atroz y reiterado sostenido por un familiar cercano que encierra al niño en una ilusión de amor. La cuestión es que tempranamente buscamos y encontramos un búnker sólido que por un lado nos salva de la locura reinante, pero por el otro nos va a mantener aislados suponiendo que, fuera de ese búnker, la vida no puede ser vivida. En estos casos, solemos mostrar a los pacientes la imagen de la página siguiente.

Con frecuencia reconocen la lógica de conductas propias que antes no habían podido explicar frente a las críticas de los demás, pero que ahora encajan perfectamente. Una vez más, no hay nada que los individuos hagamos bien o mal. Hacemos lo que podemos con nuestros personajes a cuestas, producto de los escenarios en los que hemos nacido y crecido. Observando juntos esta imagen, los pacientes traemos a la memoria un sinnúmero de circunstancias en las que hemos ingresado raudamente en nuestros refugios sin comprender aún nuestras propias reacciones. Ahora las estamos viendo, observando, desarmando y echando luz sin perder de vista la trama completa de nuestra vida. Estamos buscando la lógica desde el punto de vista del niño que hemos sido. En ese período de observación permaneceremos bastante tiempo, antes de pretender hacer algo con todo esto que estamos mirando con ojos limpios por primera vez.

TRASPASANDO EL UMBRAL DE TOLERANCIA DE LA CRUELDAD

Profundizando un poco más, cuando los relatos de los pacientes dan muestras de niveles de **crueldad** espantosos por parte de nuestra madre o de los adultos que nos cuidaban,

CAOS CON REFUGIO

usamos imágenes que representan el **infierno** para establecer el escenario de infancia, porque no es solo el desequilibrio o la locura de nuestra madre lo que nos desestabiliza, sino la violencia ejercida sobre nosotros hasta límites inconcebibles.

En estos casos, vamos ordenando las vivencias del paciente con parsimonia y cuidado extremo, ya que es probable que el niño, proviniendo de un infierno emocional, haya negado o tergiversado sus experiencias; en caso contrario hubiera sido imposible sobrevivir. Es difícil porque los individuos que hemos pasado por infancias horrorosas estamos acostumbrados a cambiar nuestros puntos de vista inventando, imaginando o acomodando cualquier idea. De hecho, a veces aceptamos todo lo que nos dicen, porque **no contamos con ningún criterio personal**. En el seno de una indagación personal es prioritario que los profesionales registremos si el paciente está de acuerdo con todo lo que decimos y también con lo contrario. Ahí tenemos que detenernos. Darnos cuenta de que no hay una sintonía con el ser esencial, sino que responde desde el personaje: el que **se acomoda al criterio de quien sea**. Esto es lo que hay que establecer antes que nada. Poner sobre la mesa que nadie tiene que tener una opinión sobre nada en particular. Tenemos que revisar juntos **el peligro que significa no tener ningún criterio personal**. Eso nos deja a merced de quien sea. Los profesionales podemos tener buenas intenciones, pero no podemos continuar con el trabajo de indagación si antes no abordamos con seriedad el grave problema de la falta de criterio personal del paciente.

Observemos que muchas asociaciones, iglesias, ejércitos, sectas, grupos de militancia política, cofradías y todo colec-

INFIERNO

tivo reunido para defender ideas en común, funcionan como bálsamo para cientos de individuos quienes no confiamos en nuestros propios criterios. Por lo tanto, precisamos respaldarnos en ideas defendidas por una mayoría. Creemos que si son muchos quienes piensan algo, es porque ese pensamiento debe ser correcto. Y nos sacamos un problema de encima.

La **fragilidad emocional** con la que vivimos los individuos que provenimos de escenarios caóticos o infernales nos obliga a buscar refugios. Cuanto más cerrados y rígidos sean, mayor seguridad sentiremos. Claro que son todas respuestas automáticas a la fragilidad y el miedo. Nada de esto tiene que ver con el libre albedrío, la creatividad ni el despliegue de nuestras potencialidades. Por supuesto, tampoco tiene que ver con el ámbito de las ideas. Ya lo he dicho: **las ideas son libres**. Reconozcamos que, cuando las ideas están condicionadas por el miedo o la necesidad de pertenencia, no se trata de ideas, sino de **lealtad hacia quien nos promete amparo**. Es importante tener esto en cuenta, porque ni siquiera sirve discutir ideas entre quienes necesitamos defenderlas. Las ideas no se defienden, las ideas están disponibles para la apertura del espíritu. Si precisamos defenderlas es porque está sucediendo otra cosa: lo que estamos preservando es nuestra fortaleza. Nuestro lugar de amparo. Nuestra salvación.

Por otra parte, el conjunto de ideas que utilizaremos, responderán al personaje que hemos adoptado para sobrevivir. Serán el guion favorito de nuestra máscara y constituirán el **discurso del yo engañado**, tal como he descrito en el libro *La biografía humana*. Por lo tanto, aquello que decimos no tiene gran importancia, a menos que lo evaluemos en el contexto de nuestros sistemas de supervivencia emocional.

LAS HISTORIAS DE VIDA QUE PROVIENEN DE DESEQUILIBRIOS
EMOCIONALES MATERNOS

En este libro compartiré con mis lectores algunas **biografías humanas** seleccionadas porque tienen en común la **desorganización básica**. Ya sea por haber estado sometidos al desequilibrio de nuestras madres o a niveles de **crueldad** que nos han obligado a desequilibrar nuestra psique. Esos escenarios de infancia nos han llevado a adoptar algún personaje como respuesta a ese nivel de horror. Quiero aclarar que ninguna biografía humana presentada es real, sino que, tal como hice en mis libros anteriores, he tomado algunos hechos reales de varios casos y los he mezclado. La cantidad de coincidencias y de acontecimientos similares que encontramos en las **biografías humanas** provenientes de escenarios parecidos, me permite asegurar que no tiene mucha importancia a quién le pertenece tal o cual escena. Les aseguro que muchos lectores pensarán que alguien me ha contado detalles de su vida íntima, porque están descritos pasajes enteros de sus vidas literalmente iguales. Pero nadie me ha contado nada. Simplemente, las reacciones humanas al desamor, al maltrato o a la crueldad no difieren tanto entre unos y otros.

También quiero hacerles saber que desde hace algunos años empezamos a utilizar **imágenes** para describir escenarios y personajes. Las imágenes se han convertido en herramientas importantes en el trazado de las **biografías humanas**, sobre todo para no perdernos en interpretaciones ni en los diferentes significados que cada uno puede darles a las palabras. Las imágenes son concretas y nos ayudan a observar las lógicas de los personajes en acción, en lugar de perdernos en las explicaciones o en los discursos engañados de los pacientes. Las imágenes no son un fin en sí mismo, sino una herramienta eficaz para establecer acuerdos con respecto a qué hemos encontrado y qué estamos buscando en la vida de cada individuo.

En este libro, que podría titularse *Tratado no convencional sobre la locura*, elegí partir de los **tres escenarios habituales** relativos al **desorden**, la **locura** o el **horror**. De esos escenarios pueden surgir personajes diversos. El personaje es el sistema que cada niño ha encontrado para sobrevivir a la infancia que le ha tocado. Tal como está descrito en el libro *La biografía humana*, el personaje suele ser elegido por nuestra madre o por la persona que nos cría. Luego durante la adolescencia la adaptamos, y en la vida adulta la adoptamos definitivamente. Claro que nos confundimos creyendo que el personaje es la persona. Sin embargo, esto es un malentendido. El personaje es la **máscara** con la que encubrimos el tesoro de persona que somos y que aún no hemos desplegado.

Ofreceré algunos ejemplos de personajes utilizando, una vez más, imágenes ilustradas por la artista **Paz Marí**, esperando que nos ayuden a la comprensión de nosotros mismos y de los demás. Estas imágenes fueron creadas tomando como referencia las cartas del tarot.

EL SOLDADO RASO

Este personaje es un estupendo refugio cuando provenimos del **caos emocional** porque nos desliga de todo contacto con

SOLDADO RASO

el yo. Será suficiente con responder disciplinadamente a los requerimientos del otro, para obtener paz y armonía. Es verdad que hay escenarios en los que el autoritarismo y la rigidez han sido moneda corriente y que en esos casos hemos aprendido a obedecer, por lo tanto, será probable que surjan personajes de este tipo. Pero también sucede que esa obediencia ha sido, aunque no nos guste, un lugar de seguridad, y en esos casos tendremos la opción de rebelarnos, huir o elegir exactamente lo opuesto. En cambio, cuando **provenimos del descontrol**, el refugio consistirá en guarecernos dentro de un **orden máximo**. Quien cumple ni siquiera tiene que contactar con la inmensidad del propio universo emocional desconocido. Eso no se pone en juego. Los beneficios por convertirnos en soldados fieles son muchos: obtenemos alivio y tranquilidad porque alguien se hace cargo de los deseos. No habrá sorpresas. La disciplina y las jerarquías serán siempre las mismas. No nos faltará nada porque pertenecemos a un regimiento. Las desventajas aparecerán cuando anhelemos libertad en el área que sea. También es probable que esa inconmensurable libertad nos llegue por destino: por ejemplo a través de un hijo muy distinto a nosotros a quien no podemos comprender. Una sexualidad pobre que ya no nos satisface. Una oportunidad, laboral, social o del ámbito que sea, que se convierte en un desafío porque está regulada por leyes que salen de nuestro control. En cualquier caso, el personaje de soldado raso nos calma con respecto a la angustia padecida durante toda nuestra infancia por la colosal imprevisibilidad materna.

LA MUJER DE HIELO

El congelamiento del universo afectivo funciona de maravillas cuando el horror ha sido moneda corriente durante nuestra infancia, lo sepamos o no. Si provenimos de un infierno, caliente, nada mejor para no quemarnos que enfriar al máximo hasta que no haya vestigios de dolor. Las personas congelamos las emociones y luego podemos funcionar, en las relaciones afectivas, las relaciones laborales y dentro de los intereses personales, sin sufrir. Cuando congelamos no nos damos cuenta de si lastimamos a alguien, porque con frecuencia somos personas amabilísimas, atentas, serviciales y dispuestas. Nunca una agresión, nunca una confrontación ni un conflicto. Incluso los demás pueden afirmar que es imposible pelearse con nosotros, mientras hacemos gala de un equilibrio envidiable. Los beneficios son todos para nosotros: no sufrimos dolor alguno. Las desventajas son para los demás, porque en ese **no sentir** al otro, los dejamos completamente fuera de nuestro campo de percepción. No habrá nada que el otro pueda hacer para involucrarnos, ya que continuaremos impertérritos y fijos dentro de nuestro hielo emocional. Este personaje permite liberarnos de sentimientos comprometidos, porque simplemente **no los sentimos**.

MUJER DE HIELO

Tren bala

Cuando el horror es muy espantoso, la huida es una buena estrategia. Eso es lo que hemos hecho algunos de nosotros desde temprana edad. Salir corriendo, escapar, largarse sin dejar huella. Si esa ha sido nuestra reacción automática, continuaremos utilizándola, ya que nos ha dado buenos resultados. ¿Cuándo? En especial cuando las instancias de compromiso emocional piden quietud para establecer contacto con el otro. Eso sí que duele. El acercamiento emocional nos lastima, puesto que nos trae instantáneamente recuerdos sensoriales de desamparo, violencia y humillación. En cambio, mientras estamos corriendo hacia ningún lugar, creemos que el desamor no nos podrá alcanzar. Estos personajes suelen estar camuflados en individuos que trabajamos mucho, tenemos ambiciones, responsabilidades y una rutina diaria muy cargada de problemas para resolver. Es decir, siempre tenemos excusas para correr.

Descargamos nuestro exceso de energía, nuestra ira o nuestras tensiones a través del entrenamiento físico. De hecho, a veces somos literalmente deportistas. Los beneficios los obtenemos en la vida laboral o social, con el reconocimiento que trae aparejado el hecho de estar visiblemente en movimiento. Esa energía nos renueva la energía en forma constante, por eso solemos ser personas vitales o divertidas. Ahora bien, las desventajas aparecen cuando alguien requiere de nosotros un encuentro afectivo. En esas ocasiones, nos sentimos prisioneros y usaremos cualquier estrategia para volver a ponernos velozmente en movimiento. La quietud y el silencio son monstruos peligrosos que nos quieren atrapar.

TREN BALA

Check list

Dijimos que el desorden y la imprevisibilidad de nuestra madre pueden haber minado la confianza básica en el devenir natural de las cosas. Es tal el miedo que conservamos hacia los movimientos discontinuos, que buscamos un orden máximo y precisión en todas las áreas de nuestra vida, al punto que solo nos calmamos cuando cada cosa está en su lugar: objetos en el hogar, horarios para comer o dormir, rutinas obsesivas, repetición de rituales, detalles inamovibles. ¿Es un problema? No. No hay una buena o una mala manera de vivir. Las personas que necesitamos comprobar que cada cosa está en su lugar, sencillamente buscamos calmar nuestra angustia. Hay muchas personas que se benefician de nuestra necesidad de control, porque los demás pueden relajarse sabiendo que somos nosotros quienes comprobaremos varias veces que cada cosa esté en su lugar. A veces somos nosotros mismos quienes sufrimos encerrados en nuestras inspecciones interminables.

Bomba

Proviniendo de escenarios donde había mucha vitalidad (recordemos que, si nuestra madre estaba desencajada, es probable que haya sido pasional, enamoradiza, ardiente y entusiasta), ese caudal de energía tenía que encontrar un cauce. Pero si nuestra madre era la única habilitada para **descargar** sus alegrías y tristezas y los niños teníamos que estar en alerta permanente para atajar sus desbordes, es posible que no-

CHECK LIST

sotros nos hayamos acostumbrado a **aguantar**, incorporando dentro de un inmenso recipiente emocional todas las sensaciones... hasta que alguna vez estallaban. Eso es una bomba.

El personaje tiene poca conciencia de lo que le hace bien o le hace mal, de lo que le gusta o no le gusta, porque simplemente aguanta. Junta rabia, dolor, miedo o cansancio. Pero el refugio funciona en la medida en que nos aseguramos **no descargar** las emociones, ya que contamos con suficiente experiencia respecto de las consecuencias de las descargas de nuestra madre. Sin embargo... juntar la carga emocional sin tener conciencia de ello... no hace más que aumentar dicha carga energética, aunque no la veamos. Obligatoriamente alguna vez, cuando alguien sin querer roce la mecha, esta explotará. Este personaje tiene pocas ventajas porque los individuos sentimos que nosotros mismos somos un peligro. Pero no nos podemos dominar. Vamos explotando aquí y allá. Nos volvemos impredecibles para nosotros mismos, pero no lo podemos evitar. No es un personaje siempre controlado como los que he descrito más arriba, sino que hace un gran esfuerzo para controlarse... sabiendo que en algún momento ya no será capaz de sostener ese nivel de tensión.

BOMBA

ESCINDIDA/O

Muchas personas nos hemos dedicado a desarrollar la mente poniendo el foco en la inteligencia intelectual. Ahora bien, cuando nuestro escenario infantil ha sido emocionalmente muy doloroso, no basta con escapar hacia el ámbito de la inteligencia, sino que precisamos **cortar** todo vestigio de **contacto** con nuestro universo emocional. El personaje **escinde, corta, separa** la mente, libre, del cuerpo físico y del cuerpo emocional. Y ya está. No hay sufrimiento, sino pensamientos dirigidos hacia sitios tan elevados que no rozarán con ninguna emoción ligada a los territorios bajos.

Estos personajes estamos cómodos con nuestros pensamientos, teorías o con la inteligencia al servicio de problemáticas filosóficas o científicas de difícil resolución. En ese universo separado del resto de las pequeñeces humanas, nos sentimos bien. Nos aseguramos un ámbito limpio y matemático. Los beneficios están presentes en la medida en que no tengamos que lidiar con problemáticas del alma humana. Sin sentimientos ni dolores del corazón, salen las cuentas. Las desventajas aparecen cuando el destino nos obliga a entrar en contacto con una pérdida, con necesidades emocionales propias o ajenas o con cualquier tipo de sufrimiento afectivo. En esos territorios no sabemos movernos, no contamos con ningún entrenamiento vincular. Estamos perdidos.

ESCINDIDA

FANTASMA/INVISIBLE

Hubo otro mecanismo interesante para salvarnos de los estallidos y la locura de nuestra madre: .**desapareciendo**. El caos ocupaba tanto espacio en casa, que cuando desaparecíamos de escena nadie se daba cuenta. Podíamos estar presentes o no, salir a la calle y no regresar, encerrarnos en nuestra habitación sin hacer ruido o trepar a un árbol hasta el anochecer. Nadie se daba cuenta de nada mientras nuestra madre estaba ocupada en sus guerras conyugales. Algunos familiares se burlaban de nosotros llamándonos «el mudo». Efectivamente, casi no hablábamos. Ni nos comunicábamos. Ni aparecíamos.

Hablaré en primer lugar de las desventajas del personaje invisible. Cuando éramos niños y adolescentes no logramos establecer amistades, porque los niños tampoco se percataban de nuestra presencia. Éramos una **cosa** en el patio de la escuela, sin voz, sin expresiones y sin deseos. Esto nos ha sumido en tristezas insondables y en la sensación de no tener un lugar en este mundo. Hemos crecido apartados del colectivo de seres humanos que viven su vida, estudian, trabajan, se relacionan, se aman, se divierten, se reúnen y tienen vida social. Algo que parece no estar hecho para nosotros. El mundo vincular nos resulta un misterio inalcanzable. La soledad y la sensación de no pertenecer a ningún lugar están siempre presentes. Los beneficios están relacionados con que **no tenemos responsabilidad sobre nada**. No existimos, por lo tanto, no estamos involucrados ni tenemos que sostener ninguna relación, ningún conflicto, ningún desafío. Delegamos todos esos problemas en los demás. El personaje invisible salió del

INVISIBLE

escenario para salvarse de la locura de nuestra madre y hoy en día sigue estando fuera, incapaz de involucrarse con nada ni nadie.

Torre de control

Este personaje es un mecanismo más de control para ordenar el caos del escenario del que provenimos. La diferencia es que necesitamos posicionarnos por encima de los demás. Alcanzamos un rango con cierta jerarquía o poder que nos permite observar **desde lo alto** y tener bajo estricto control cualquier movimiento propio o ajeno. Claro que utilizamos estos personajes cuando tenemos capacidad de mando, estamos en situación de superioridad sobre los demás, inteligencia para discernir el lugar que cada uno de nuestros comandados puede ocupar y responsabilidad para asumir las consecuencias. Los beneficios están a la vista: difícilmente algo quede fuera de nuestro ángulo de visión. El control es absoluto y eso nos otorga un enorme alivio. Cuanto más alto estemos posicionados y más alcance logremos sobre el territorio a controlar, más seguridad sentiremos. Las desventajas tienen que ver con la soledad. Allí arriba subimos solos porque nadie va a controlar, ordenar y sostener la vigilancia completa como nosotros. Los sentimientos son ambivalentes porque, por un lado, gastamos toda nuestra energía en mantener absolutamente todas las áreas bajo estricto control, y por el otro, cuanto más extendida sea el área que controlamos, más vulnerables quedamos.

TORRE DE CONTROL

Para qué sirven las imágenes

Ofrezco estas imágenes solo a modo de ejemplo. Por supuesto que las personas somos mucho más complejas que un mero personaje. Detectar el personaje que nos ha dado amparo a lo largo de nuestra **biografía humana** es una herramienta que nos permite ordenar la realidad sin tener que escuchar el discurso engañado del paciente. Porque cada personaje tiene su propia lógica, y una vez que lo hemos encontrado nos guiaremos por las opciones reales que ha tenido ese refugio en vez de confundirnos con los relatos interpretados de las personas que consultan.

En este libro pretendo profundizar aún más **los alcances del desamor materno**, por eso elijo compartir algunas **biografías humanas** de individuos cuyas infancias no solo han sido atravesadas por la soledad o **la incomprensión materna**, ya que en esos casos estamos todos, sino por niveles de **crueldad o desorden** que siguen provocando estragos hasta el día de hoy. Pido disculpas por el desencanto. Es lo que hay.

El caos

CAOS

Milagros tenía veintinueve años y un niño de ocho meses cuando se visitó con nosotros por primera vez. Vivía en Cali, Colombia, y las consultas se realizaron a través de Skype. Nos buscó porque le habían diagnosticado una depresión posparto. Después de una breve conversación entre Milagros y la behacheadora, iniciaron la construcción de la **biografía humana**.

Milagros era hija única. Sus padres se separaron cuando cumplió tres años. No conservaba recuerdos del padre salvo alguna imagen de alguna visita en otra casa con otra mujer. Apenas abordamos la vida en casa sola con su madre, aparecieron las palizas de esta con escobas o palos. La pellizcaba tan fuerte que le dejaba cardenales. Incluso se recordaba poniéndose maquillaje antes de ir a la escuela para que no se notaran los golpes. La behacheadora fue preguntando con delicadeza hasta que los recuerdos fueron emergiendo a borbotones: la madre la encerraba sola en el baño, la obligaba a permanecer de pie dentro de la bañadera y si Mili, cansada, trataba de sentarse, volvía hecha una furia y le pegaba más fuerte todavía. También le cortaba el pelo muy cortito estilo varón y la acusaba de tener ojos diabólicos. La obligaba a estudiar sin levantarse de su silla y sin moverse.

Le preguntamos si alguna vez había logrado contarle esto al padre o a alguien. Mili lo negó rotundamente, ya que ella sabía que tenía que proteger a su madre. Le explicamos con claridad que esto era lo que su madre le decía: que Mili tenía que protegerla. Empleamos palabras al nivel de crueldad, ya que lamentablemente no tenía ni siquiera hermanos con quien compartir esos castigos. En este punto, a Mili se le transformó el rostro y aseguró que su madre la castigaba, pero que era buena. La calmamos. Le dijimos que no estábamos acusando a su madre, sino apenas tratando de imaginar las vivencias de la niña que ella había sido, y que comprendíamos que necesitara defender a su madre, ya que ella era todo lo que tenía en este mundo.

Para determinar si la madre era «simplemente» cruel o estaba desequilibrada, formulamos preguntas específicas para discernir si Mili podía prever en qué momento su madre se iba a enfurecer. Entonces respondió con total seguridad que era imposible saberlo porque cada vez estallaba por un motivo diferente. No servía repetir lo que había funcionado en otra ocasión, porque en la siguiente oportunidad aquello que la había calmado la primera vez se convertía en fuente de ira en la siguiente. Nunca sabía qué le convenía hacer, ya que los «motivos» por los cuales su madre se iba a tranquilizar o que encenderían la mecha de sus furias cambiaban.

Así que nos dedicamos a poner palabras a las vivencias de esta niña pendiente de los estallidos de su madre sin contar con ningún referente que la aliviara.

Intentamos averiguar algo sobre su escolaridad, pero tampoco había sido un ámbito donde encontrara resguardo. Si alguna niña la invitaba a su casa, su madre se lo prohibía, por lo tanto, casi no tenía relaciones con otros niños. De hecho, relató una escena, que nunca sabremos si ocurrió tal cual, en la que la madre le había permitido ir a una fiesta de cumpleaños, pero cuando regresó, le dio tal paliza que Mili no aceptó ninguna invitación posterior.

A través de muchas escenas similares pudimos determinar que, si Mili se entusiasmaba o le gustaba alguna actividad, eso generaba una explosión de furia en su madre y, por supuesto, inmediatamente quedaba prohibida. Su madre no trabajaba, pero no sabemos si el padre pasaba dinero o cuál era la situación. Mili no recordaba haber pasado necesidades económicas aunque la vida que llevaba era muy acotada. Solo comer, ir a la escuela, mirar la tele y estar encerrada en casa.

Generamos muchas preguntas, pero las respuestas eran parecidas, aunque cuanto más horribles eran las escenas, con más desafecto las relataba. Había momentos en los que Mili respondía como si no estuviera presente, haciendo uso de respuestas mecánicas. Esa actitud nos desconcertaba. En otros momentos, lloraba y aportaba detalles siniestros de algunas palizas. Su madre estaba desquiciada, y aparentemente también bastante sola, ya que Mili no recordaba la presencia de familiares ni de vecinos con quienes su madre estuviera vinculada.

Llegados a este punto, y después de dos encuentros, le mostramos la **imagen del caos** para plasmar las vivencias de esa niña. Mili nos miró entre asombrada y temerosa. Entonces compartimos algo de teoría sobre los **estragos psíquicos** cuando provenimos de escenarios con una madre tan desequilibrada que nos usa como recipiente de descarga. Todo el panorama era difícil. Le explicamos que íbamos a tratar de ordenar y luego ver juntas cómo ella había podido sobrevivir a tanta locura. Acordamos vernos una semana más tarde.

En las semanas siguientes, Mili mantuvo todo tipo de malentendidos con la secretaría de la institución. Que sí, que no, que quería que le dieran hora, luego que no lo quería, después pedía un escrito con el resumen de lo que había conversado con su behacheadora porque no recordaba nada, que había pagado, pero no aparecía el comprobante del pago. Así pasaron seis meses.

Cuando al fin la recibimos, conversamos sobre la importancia del orden pautado para este proceso de indagación, explicando que para el inicio de una **biografía humana** era recomendable mantener los primeros encuentros con cierta asiduidad. Al menos para saber si lo que nosotros le proponíamos le servía, si coincidía con sus expectativas y si esta indagación era posible hacerla juntas. La notamos visiblemente confundida, dando explicaciones diferentes de las que había escrito a nuestro departamento de administración.

Decidimos hacer un resumen sobre lo que habíamos ordenado en los primeros encuentros con respecto al desequilibrio de su madre, al desorden emocional y a las consecuencias obvias de **desestructuración psíquica** sobre la niña que ella había sido. Volvimos a poner sobre la mesa algunas escenas de infancia y continuaron apareciendo recuerdos del mismo tenor: cómo su madre le pegaba bajo la ducha, cómo la pateaba en su cuarto y cómo la dejaba encerrada durante horas sin comer.

En la escuela era mala alumna, la madre le decía que era tonta y ella lo creía. Sin embargo, compartimos con Mili que en esas condiciones de alerta y miedo, no le quedaba espacio para poder concentrarse en los estudios. No era un problema de falta de inteligencia, sino que su realidad emocional consumía todos sus recursos.

Los maltratos extremos duraron hasta los dieciocho

años. Recordaba haber llamado al padre pidiéndole ir a vivir a su casa. El padre se negó, pero empezó a enviarle dinero. Mili se fue de la casa materna en condiciones que, contando apenas con relatos confusos, no hemos logrado ordenar. Alquiló una habitación en la casa de una familia. Allí conoció a un muchacho (hijo de esa familia) con quien tuvo sus primeras relaciones sexuales. Por más que hicimos muchas preguntas, las respuestas que Mili nos daba sobre esa relación eran, no solo contradictorias, sino poco creíbles. Las descripciones relativas a todos los hombres con quienes había estado a partir de que se «liberó» de la locura de su madre eran raras. Que había decidido vengarse de los hombres. Que los hombres eran todos malos. Que la usaban. En fin... le mostramos a Mili que por ahora teníamos a una niña a la deriva, con muy poca estructura emocional, sin experiencias vinculares de ningún tipo fuera del **desorden afectivo de su madre**, y que con ese panorama dudábamos de que hubiera podido establecer algún vínculo más o menos estable con algún hombre más allá del contacto sexual para lo cual no se precisa casi nada, más que ir a la cama. Por otra parte, las interpretaciones extrañas que Mili conservaba de esas relaciones parecían más fantasía que realidad.

No pudimos comprender cómo sucedieron los hechos, pero terminó consultando con psicólogos y médicos que le recetaron medicamentos. Comenzó ingiriendo ansiolíticos, pero luego la mezcla de medicamentos se fue incrementando. Preguntamos si en la actualidad estaba medicada y efectivamente estaba ingiriendo un arsenal de remedios «contra» la depresión posparto. A medida que quisimos ordenar escenas, consultas específicas a profesionales o relaciones con algunos hombres, Mili se confundía cada vez más. No sabíamos si era consecuencia de la locura de la madre que la había obligado a **tergiversar la realidad** desde niña o si era efecto de la medicación. En todo caso, estábamos tratando de descubrir si Mili había logrado organizar algún refugio, pero no lo encontrábamos. Parecía estar en un **desorden psíquico** parecido al de la madre, pero sin descargas de ira. A medida que tratábamos de avanzar en la investigación, más confusiones y contradicciones aparecían.

Un respiro para reflexionar con olfato de detectives

En estos casos, nos replanteamos nuestro trabajo. Porque la **biografía humana** intenta ordenar lo que hay para mirar con ojos abiertos la realidad. Pero cuando un individuo **alimenta la tergiversación de la realidad** porque el orden lo llevaría a la obviedad de lo que hay, que es insoportablemente doloroso, estamos apuntando a objetivos opuestos. Podríamos decir que no hay acuerdo para construir la **biografía humana**. Eso es lo que pretendíamos explicarle a Mili para ser totalmente honestos, ya sea para continuar con esta indagación o no. No estábamos del todo seguros de que Mili comprendiera la propuesta, ya que de pronto hacía preguntas que nada tenían que ver con lo que estábamos conversando.

En el siguiente encuentro, le propusimos avanzar en la cronología haciendo trazos gruesos de su vida adulta, entre los veinte años y la actualidad, ya que tenía un bebé de poco más de un año y una supuesta depresión posparto que, observando el panorama real, no era ni remotamente el problema más acuciante.

Al parecer, había intentado estudiar varias carreras aunque no logramos determinar si estos relatos eran ciertos o inventados, porque a medida que nos interesábamos por tal o cual carrera y formulábamos preguntas relativas a los estudios, las respuestas eran inverosímiles. Según sus relatos, el padre había pagado los estudios. Inició carreras tan diferentes como sociología, paisajismo, periodismo y diseño gráfico. Pero dudábamos de la veracidad de estas afirmaciones. También hubo relatos sobre relaciones con hombres, pero fue difícil establecer qué era verdad y qué fantasía, porque las historias estaban repletas de interpretaciones novelescas. Sobre todo porque hablaba con desprecio de todos los supuestos novios contando las circunstancias en las que ellos la habían desilusionado y ella se veía en la obligación de abandonarlos. También aseguraba que después de cada ruptura, ella se deprimía y tenían que volver a medicarla. En este punto ya no contábamos con otras referencias para ordenar la información, ni siquiera recordaba los períodos de mayor ingesta de medicamentos. Le dijimos suavemente que estábamos caminando entre tinieblas y que sospechábamos que la **biografía humana** tal vez no fuera el sistema que ella precisaba, ya que nosotros buscábamos orden y no sabíamos si íbamos a poder contar con ella para lograrlo. Por eso le explicamos que íbamos a dedicarnos a desarmar y volver a juntar las piezas de cada pequeño relato hasta constatar si encajaba con algo lógico o no, y que seríamos absolutamente honestas con ella en este punto. Era probable que nos despidiéramos pronto.

Cuando el caos nos constituye

La cuestión es que la cantidad de empleos, en los campos más diversos, y de relaciones con diferentes novios era tan poco creíble que decidimos apuntar, como último recurso, al vínculo con su esposo y padre de su hijo Francisco. Resultó que su esposo era el dueño de un negocio en el que aparentemente Mili había trabajado, veintidós años mayor que ella, casado y con tres hijos adolescentes. Le dijimos que nos asombraba que esto no lo hubiera mencionado al inicio de la investigación, cuando nos otorgamos un lapso de tiempo para presentarnos y contar brevemente quiénes somos. Luego relató episodios raros sobre maltratos por parte de su marido sin que lográramos comprender cómo terminaron viviendo juntos. Mili contaba escenas con todo lujo de detalles, y era toda una ingeniería delicada separar las escenas reales de la interpretación que Mili agregaba a cada cosa. Tratamos de saber cómo era concretamente el maltrato de su pareja hacia ella, pero las respuestas eran contradictorias. A medida que avanzábamos, estábamos cada vez más seguras de que la **tergiversación de la realidad** de Mili era un hecho. Contó algunos episodios sobre cómo el marido la había agredido cuando nació el hijo, pero era imposible armar con Mili una escena completa, ya que cuando lo intentábamos, cambiaba el argumento. Tratábamos de establecer en qué circunstancias el hombre había dejado a su exmujer con tres hijos, qué vínculo seguía manteniendo con ellos, cuáles eran los acuerdos dentro de la relación con Mili o si este embarazo había sido mínimamente acordado, pero Mili se enredaba en explicaciones incomprensibles. Cuando razonábamos con paciencia y le mostrábamos las contradicciones, Mili admitía todo, se calmaba por un rato mirando el papel en el que ordenábamos fechas, nombres y acontecimientos. También utilizábamos palabras para hablar de sus probables estallidos automáticos, que Mili aceptaba con naturalidad como si habláramos del clima: «Sí, sí, es tal cual, me volví loca y lo mordí» era una respuesta habitual.

Entonces decidimos volver a usar la **imagen del caos** porque ya no era su madre sino **ella misma** quien había adoptado, para no sufrir, la costumbre de **no contactar** con la realidad cambiando permanentemente su registro. Para nosotros era complejo saber fehacientemente qué era lo que Mili generaba en sus relaciones, sobre todo en las íntimas, pero sospechábamos que su pequeño hijo estaba en franco peligro. Esta era la realidad. También nos dábamos cuenta de que Mili no había logrado encontrar **ningún refugio**. En parte porque había sido hija única y porque la madre, además de su locura, la había mantenido prácticamente cautiva. Este era el origen del enorme **desorden emocional** de Mili.

Volvimos a observar con ella la **imagen del caos** y a decirle que no solo ella tergiversaba la realidad, sino que había que sumar la ingesta de medicación psiquiátrica desde hacía muchos años. También le mostramos que, a medida que tratábamos de organizar algún relato, más se desordenaba. Estábamos intentando cotejar y comparar su relato con hechos concretos, por ejemplo, ¿el marido visitaba a sus hijos mayores? ¿Mili los conocía? ¿Ella se relacionaba con alguien más, en especial este último año con su bebé a cuestas? Todavía no habíamos abordado cronológicamente ni el embarazo, ni el parto ni el puerperio de Mili, pero no podíamos avanzar mientras constatábamos que la desorganización mental y emocional de nuestra paciente era una barrera para seguir adelante con la **biografía humana**.

Sorprendentemente, se calmaba al observar la **imagen del caos**, que estaba siempre disponible en la pantalla del ordenador. Creíamos que esa imagen condensaba una sensación real y permanente en ella. Le explicamos que nuestro trabajo se dificultaba por el nivel de **tergiversación**, por la medicación y por la forma en la que Mili adaptaba los relatos según cómo soplaba el viento. Entonces rompió a llorar diciendo que nunca nadie en ninguna de las múltiples terapias que había probado le había dicho algo así. Que todo esto le resonaba y que efectivamente se sentía perdida. Fue un breve momento en el que la behacheadora la sintió conectada. Entonces le preguntamos qué era lo que estaba dispuesta a hacer, porque no nos resultaba fácil ayudarla. Siguió llorando y confesando que tenía sentimientos horribles para con su bebé. Que no lo aguantaba. Que se sentía sola y desesperada y que no sabía qué hacer. Y que necesitaba nuestra ayuda con desesperación.

Le propusimos pautar algunos encuentros más, pero solo para desarmar sus relatos y volver a armarlos según alguna lógica, la que fuera. Insistíamos en que solo le íbamos a proponer mirar **la distancia entre los relatos que ella se inventaba y la probable realidad**. En principio, era todo lo que se nos ocurría que podíamos ofrecerle, lejos de pretender que se ordenara, que tratara bien a su hijo o que tuviera alguna conversación honesta con su marido, a quien teníamos muy desdibujado, ya que ni siquiera estábamos muy seguras de que tal esposo existiera.

CON PACIENCIA Y COMPASIÓN

Tuvimos varios encuentros más, agotadores. En cada uno fuimos preguntando minuciosamente sobre su marido, sobre la exmujer de su marido, sobre cada uno de sus hijos mayores. Una y otra vez los relatos eran disparatados hasta que íbamos, cual detectives, agregando escenas probables y esperando que Mili pudiera confirmar alguna de ellas. El nivel de **desconexión** era abrumador. Mili no sabía nada de nadie. Después de varios intentos observando juntas cada escena y llegando a conclusiones que Mili aceptaba exultante de alegría porque encajaban en algo con la realidad, y luego de muchas explicaciones pacientes y honestas, nos fuimos despidiendo. Pusimos una fecha para un último encuentro. Volvimos a repasar todo lo que habíamos comprendido de esta **biografía humana**. Le propusimos otros sistemas de acompañamiento para su vida cotidiana. Hasta que llegó el último encuentro pautado dando fin a lo que había sido una larga y preparada despedida.

Pero sorprendentemente, Mili pagó poco después a través de nuestra administración diez encuentros más, una cantidad que nosotros no contemplamos en ningún caso. Las secretarias preguntaron si había cambiado la política institucional porque había una transferencia de una cantidad de dinero importante y fuera de lo habitual. Somos cuidadosos con los acuerdos que establecemos una y otra vez entre behacheador y paciente; por lo tanto, jamás le diríamos a nadie que tiene que venir diez veces más.

Con esa reacción automática de Mili, confirmé no solo el **desorden psíquico y emocional**, sino cómo los individuos imponemos, cuando el otro no existe en nuestro campo de percepción, **violencia invisible**, mecanismo que está descrito en mi libro *Crianza: Violencias invisibles y adicciones*. Estaba claro que Mili ni siquiera podía comprender consignas o acuerdos simples. Y que sin esos mínimos acuerdos, nuestro trabajo no llegaría a ninguna parte. Por lo tanto, en los siguientes encuentros, que pagó por adelantado sin consentimiento ni acuerdo con su behacheadora, volvimos a poner sobre la mesa todo lo que habíamos revisado.

Había momentos en que Mili abría los ojos de par en par y parecía estar escuchando algunas propuestas, ya dichas con anterioridad, como si fuera la primera vez. Aprovechamos para desmenuzar las escenas de la vida cotidiana **desde el punto de vista del bebé** que ella tenía a cargo. La realidad era desesperanzadora. Era evidente que Mili no tenía capacidad para ponerse en el lugar de su hijo. No vale la pena describir la cantidad de síntomas físicos del bebé, rabietas o llantos imposibles de consolar, porque era obvio que Mili no contaba con ningún recurso emocional para vincularse con su criatura. Sin embargo, pudimos abordar escenas pequeñas y muy sencillas, le ofrecimos recursos como, por ejemplo, intentar tener compañía para no pasar las jornadas sola con su bebé y registrar juntas qué decisiones era capaz de tomar cuando conectaba emocionalmente con él. Obtuvo pequeños logros con respecto a alguna conversación con su esposo, retomó una relación de amistad con una muchacha que tenía un bebé de la misma edad y programaron pasar algunas tardes juntas. No mucho más. Mili se daba cuenta de que con mínimos movimientos de calma y cordura de su parte, el bebé respondía mejor. Pero eran hilos sueltos a los que no lograba aferrarse. Fuimos preparando la despedida, esta vez con énfasis y sin vuelta atrás, durante diez encuentros. Hasta que la fecha llegó.

Decir las cosas como son

Al menos, había contratado a dos niñeras, al reconocer que ella no podía hacerse cargo de su bebé, pero que iba a intentarlo con ayuda. La alentamos a que buscara apoyos en su ciudad, pues por suerte contaba con dinero para hacerlo. Terapias de contención, niñeras, acompañantes terapéuticos o lo que fuera que le dieran cobijo para que ella no tuviera que desconectar y tergiversar la realidad de forma automática.

La behacheadora tenía un nudo en el estómago al despedirse. Sabía que estábamos dejando a una mujer **desequilibrada a cargo de un bebé en riesgo**. ¿Qué más podíamos hacer? ¿Había alguna esperanza de que esta mujer recuperara la cordura? En este punto, por ahora, solo tenemos algunas hipótesis. Claro que ya estábamos encariñadas con Mili, con su desesperación y su intención de criar a su hijo mejor que como ella había sido criada.

Creo que es bueno tomar una perspectiva lo más panorámica posible. Dudo de que Mili alguna vez pueda cambiar radicalmente su contacto con la realidad, porque la **tergiversación de la realidad le ha salvado la vida**. También la ha enloquecido. Es así. ¿Tiene la culpa? No, pero sí tiene responsabilidad, como la ha tenido su madre, que, con total seguridad, ha pasado situaciones aún peores cuando era niña, y la abuela aún peor, y así en toda la cadena ascendente durante generaciones y generaciones **criadas en el desamor y el miedo**.

Alguna vez tendremos que cortar esa locura transgeneracional. ¿Cómo? Intentando **decir las cosas como son**. Con Mili no nos hemos ahorrado palabras. Hemos hablado una y otra vez no solo del horror de sus vivencias, sino también del desajuste constante entre la realidad y las interpretaciones sin sentido de esa misma realidad. Algunas veces, Mili establecía contacto con eso que le mostrábamos y se sentía dichosa. Otras veces, estaba empeñada en defenderse con su personaje a cuestas: el del caos permanente. ¿Sirvió para algo el trabajo que hicimos? No lo sé. Tal vez no. Pero quiero demostrar los **estragos del desamor sobre las criaturas** y sus terribles consecuencias a través de varias generaciones.

Mili estaba desequilibrada, pero no era capaz de hacer el mal más allá de enloquecer a su propio hijo. Otros individuos con el mismo nivel de desequilibrio, pero con mayor carisma, logran llegar a instancias de poder desde donde pueden hacer daño a colectividades enteras, imponiendo con discursos de alto impacto creencias totalmente **distorsionadas de la realidad**. Esos mecanismos son los que aprenderemos a cotejar, ya que el acercamiento entre discurso y realidad es una responsabilidad de todos.

La lectura como refugio

LA LECTURA COMO REFUGIO DEL CAOS

Ignacio era argentino, pero las consultas se realizaron desde Madrid, a través de Skype, donde se había establecido. Un hombre amable de treinta y nueve años que ya había vivido en diferentes lugares del mundo por razones de trabajo: Ciudad del Cabo, Londres y Luxemburgo. Hacía casi un año que había llegado a Madrid y estaba encantado. Estaba casado y sin hijos, aunque su mujer deseaba tenerlos.

Se dedicaba a la informática, pero se consideraba en búsqueda constante. Había pasado por diferentes terapias, pero decía que le invadía una angustia existencial y que tenía tendencia a deprimirse. No comprendía por qué, a pesar de haber hecho tantos análisis, esa angustia aún persistía. Así que, de común acuerdo, iniciamos la **biografía humana**.

BUSCANDO EL HILO ENTRE LAS VIVENCIAS INFANTILES Y LAS ANGUSTIAS ACTUALES

Sus padres tenían un origen humilde, provenían del sur de Buenos Aires. Los relatos sobre la familia de su padre eran confusos, así que los dejamos de lado. La familia de su madre había emigrado desde la provincia de Catamarca en circunstancias de pobreza extrema, aunque la madre, una de las últimas hijas, había nacido ya en Buenos Aires. Sus padres se conocieron trabajando en una fábrica de alimentos. Tuvieron tres hijos varones, Ignacio era el segundo.

Los recuerdos sobre su infancia eran pocos y borrosos, pero a través de preguntas específicas, pudimos saber que su madre se quejaba mucho por la falta de dinero. No recordaba que ella hubiera trabajado después del nacimiento de los niños. Vivían en una casita pequeña e incómoda. Poco a poco, fueron apareciendo escenas de violencia física entre sus padres y, como era de esperar, también entre los tres niños. Ignacio no tenía recuerdos claros, aunque algunos los había reconstruido gracias a los relatos posteriores de su hermano menor, que fue el que más se «rebeló». Según su madre, el menor era el más «malo» de los tres y aparentemente el que recibía las peores palizas.

Fuimos ordenando con paciencia las escenas, tratando de construir la figura de la madre. Así aparecieron recuerdos sobre la **imprevisibilidad** de sus reacciones, sobre todo porque a veces denostaba a su marido y lo acusaba de las peores desgracias, pero otras veces lo defendía y les inculcaba a los niños que tenían que respetarlo y admirarlo.

Sus padres conservaban amigos de sus épocas de militancia, aunque la infancia de Ignacio había transcurrido durante la dictadura en Argentina. Los niños conocían la importancia que estos amigos tenían en la vida afectiva de sus padres, pero también que había algo que sucedía con relación a estos amigos que provocaba peleas matrimoniales y acusaciones mutuas. Otro recuerdo que apareció fue que Ignacio nunca vio a sus padres dormir juntos, aunque seguían casados en la actualidad. Fuimos observando que en este escenario, los **cambios de humor de la madre** ocupaban todo el espacio.

A los quince años, se mudaron a un apartamento mejor en un barrio de clase media. Cambió de colegio, pero eso no le supuso ningún inconveniente. En esa época, la madre se mostraba exuberante ante los compañeros de escuela. Cuando venían muchachos a casa a estudiar, se transformaba y se

mostraba simpática y moderna. Eso dejaba a Ignacio confundido, porque él solo sentía rencor por los desbordes frecuentes de su madre, pero sus nuevos amigos lo envidiaban
por tener una madre tan joven y apuesta. En aquellos años
de democracia floreciente en Argentina, su madre había
vuelto a militar en un partido de izquierdas. Allí la madre
desplegaba su energía en discusiones acaloradas con otros
militantes. Ignacio era testigo de las mentiras frecuentes de
su madre con respecto a historias del pasado que no exis-
tían. Se daba cuenta de que quería dar una imagen de sí misma que no se ajustaba a la realidad, y eso lo dejaba vacilante
y perplejo.

Ignacio se empezó a refugiar en la lectura. Leía muchos
cuentos fantásticos. Sobre todo porque la casa se llenaba de
amigos de su madre de lo más diversos y él encontraba tranquilidad en la habitación que compartía con sus hermanos.
Le confundía que ella preparara comida cuando venían amigos, pero que no hubiera nada en la nevera durante semanas
enteras si no había visitas previstas. Su padre llegaba muy
tarde y no tenía recuerdos de que cenara en casa, pero tanto
él como sus hermanos en ocasiones canjeaban en un quiosco
alguna revista a cambio de un sándwich. Estos recuerdos
eran difusos; lo único que Ignacio recordaba con total claridad era la rabia que sentía por la diferencia que su madre
mantenía entre los amigos y sus propios hijos. A mayor rabia, más se encerraba en sus pensamientos y sus libros.

Le propusimos a Ignacio trabajar con la imagen de **caos
con refugio en la lectura**. La miró con atención, y sorprendi-
do dijo que ese dibujo transmitía con claridad la vivencia
interior que había sentido desde siempre. Es más, dijo que a

veces imaginaba, en el orden de la fantasía, que se introducía en sus libros y podía permanecer allí acurrucado entre las hojas sin tener que regresar jamás. Incluso había escrito alguna vez unos cuentos de ciencia ficción en los que un hombre se iba convirtiendo en hojas escritas y con esas hojas volaba a otros mundos. Le hizo gracia la coincidencia. Esto nos confirmó que estábamos encontrando los refugios reales que le habían servido en el pasado.

Revisando más escenas de su juventud fuimos reconociendo que ya en ese entonces sufría ataques de angustia parecidos a los que le daban en la actualidad. A veces se le cerraba el pecho y no podía respirar, otras veces se le cerraba el estómago y no podía comer, aunque esos síntomas eran imperceptibles para los demás. Ignacio tenía plena conciencia de estar angustiado, pero no podía ni siquiera explicar lo que le pasaba, sobre todo cuando su madre estaba exultante. Pudimos darnos cuenta de que en esas ocasiones Ignacio se sentía invisible a ojos de su madre, que quedaba envuelta y excitada en su propia alegría.

La madre le decía a Ignacio que era «taciturno», aunque este conservaba buena relación con sus hermanos y algunos amigos entrañables. Estudió informática y sus ordenadores se convirtieron en sus mejores aliados. Pasaba horas y horas investigando y leyendo todo lo que estaba a su alcance. Repasamos algunos noviazgos, sobre todo la relación con una muchacha que había crecido bastante sola, con quien Ignacio mantuvo una relación de apoyo mutuo entre los veinte y los treinta años. No fue un gran amor, pero sí una gran compañía. Ignacio trabajaba en empresas interesantes y, aunque durante algunos años convivieron juntos, el acuerdo básico de esta pareja era el respeto por los espacios personales de cada uno. Para Ignacio, sus momentos de lectura, de estudio y de descanso eran sagrados.

A sus treinta años recibió las primeras ofertas para crecer laboralmente, pero tenía que instalarse en Sudáfrica. Coincidió con el fin de su noviazgo, así que no tardó en decidirse. En ese momento, recrudecieron sus angustias existenciales. Ahora podía vislumbrar que esa era una oportunidad para abrir las puertas de sus refugios emocionales, pero al salir encontraba **caos emocional**. Un desorden que estaba desde siempre en el mismo lugar: en su propio universo.

Por más que su cabeza le indicaba que tenía que vivir esa experiencia, pues la oferta de trabajo era excelente, su angustia no lo dejaba actuar. De hecho, en ese período hizo unas cuantas consultas psicológicas y médicas. Estaba asustado no solo por sus angustias, sino porque estas se estaban convirtiendo en limitaciones reales.

La sexualidad relegada

En este punto, ya habíamos tenido varios encuentros y le propusimos a Ignacio, que era un joven lúcido y reflexivo, que tratáramos de pensar juntos la lógica que se imponía. Su madre había vivido entre fantasías y deseos inalcanzables, pero no le había provocado una infancia horrorosa. Sin embargo, había sido lo suficientemente desestabilizadora como para que él buscara un refugio eficaz y ordenado: el de la lectura, la informática y toda el área de lo mental. Era metódico en su trabajo y en la forma de ordenar sus pensamientos. Seleccionaba con esmero sus relaciones afectivas. Hasta ahí, salían las cuentas. Mientras él mantuviera las cosas bajo control, se sentiría seguro. En cambio, cualquier acontecimiento que quedara fuera de su control, lo angustiaría. Le propusimos ampliar la hipótesis de nuestra investigación, ya que la vida estaba llena de acontecimientos poco ordenados, sobre todo en el universo emocional. Estaba claro que en el ámbito afectivo Ignacio iba a estar perdido como un niño temblando en un bosque oscuro. Era probable que el terreno de su sexualidad estuviese aún sin explorar, porque son experiencias que pertenecen a aguas oscuras, profundas y misteriosas. La propuesta del viaje a un país extraño le daba un empujón hacia su yo desconocido. Él podía encajonar esa experiencia dentro de su ámbito conocido y mental, encerrándose exclusivamente en su trabajo, o podía transitar por primera vez un territorio fuera de su búnker, puesto que ya no lo necesitaba como cuando había sido niño y la madre imponía sus caprichos o pretensiones.

Ignacio se quedó un rato largo en silencio. Después murmurando dijo que su sexualidad era «un problema», pero que nunca lo había hablado en ninguna terapia. A decir verdad, no era un problema para él, pero sí para su mujer, quien le reclamaba que no se sentía deseada y que Ignacio parecía estar en un mundo impenetrable para los demás. Lo comprendimos. Imaginamos que cuando alguien está confortable en su búnker, no le abre las puertas a nadie. Ignacio se echó a reír, ahora lo veía claro. Era exactamente lo que le decía su mujer. Y cuanto más pretendía su mujer «entrar», más cerraba las compuertas.

¿Estaba bien o estaba mal? No nos interesaba. Cuando

había sido niño, ese automatismo de cerrar compuertas en el mundo afectivo le había servido, y mucho. Recordó que a veces su madre lo llamaba «el mudo». Sí, efectivamente casi no hablaba con su madre, solo se encerraba en su ira y su dolor. Resulta que eso que lo había salvado cuando niño, ahora lo mantenía a una distancia emocional que ya no le servía como antes. Estábamos revisando esos mecanismos; después, Ignacio podría hacer lo que quisiese.

Posteriormente, hubo varios encuentros destinados a ordenar recuerdos y escenas en los que Ignacio confirmaba, cada vez más, cómo sus libros o sus trabajos le aseguraban el confort y el orden que precisaba para no tener sorpresas. También encontró coincidencias entre los momentos de inestabilidad emocional y la aparición de sus angustias existenciales, como él las llamaba. Observamos cada acontecimiento hasta estar seguros de que las piezas encajaban: los episodios de angustia aparecían cuando «se le desestabilizaba el suelo» de su frágil estructura emocional, pero también nos dimos cuenta de que la angustia desaparecía cuando él lograba regresar a su búnker.

Su primer destino fue Ciudad del Cabo, donde se adaptó rápidamente. Le encantaba la ciudad, la gente, el trabajo, el jefe que le había tocado y el equipo de informáticos. Pasó, según él, los mejores seis meses de su vida hasta que enviaron al jefe a Londres y se disolvió su equipo de investigación. Ignacio tenía el empleo asegurado, pero empezó a tener dificultades para respirar, le aparecieron eccemas en la piel y problemas digestivos. Duraron hasta que pidió un mes de baja por enfermedad, se quedó encerrado en su casa, se acomodó entre sus lecturas y sus rutinas y poco a poco fue recuperando la armonía perdida. Viéndolo desde esta perspectiva ahora resultaba claro que su búnker funcionaba. Pero en aquel entonces la angustia invadía sus pensamientos y no encontraba salida.

De todas maneras, fue un período que Ignacio describía como una «linda etapa». Encontraba paz y sosiego en su apartamento impecable en el que nadie, absolutamente nadie, entraba; y al mismo tiempo salía con muchas mujeres de manera informal, entre ellas Sofía con quien terminó casándose. Sofía también era argentina, pero había crecido en Alemania y se encontraba en Sudáfrica por un intercambio con su escuela de interpretación. Lo gracioso es que Sofía era desordenada. Pasional. Exuberante. Cambiante. Y divertidísima.

Las cosas del destino. Ignacio se sentía fuertemente atraído por Sofía, pero otra parte de su yo la temía. Era comprensible. Habían pasado ocho años desde entonces. Ignacio iba poniendo distancia con Sofía cada vez que la carga emocional de ella le quemaba por dentro. Lo solucionó aceptando diversos destinos propuestos por su empresa, mientras Sofía se iba adaptando: a veces podía acompañarlo y otras veces no coincidía con sus propios compromisos. Era evidente que Sofía le traía la dosis de amor, ternura y disponibilidad que Ignacio necesitaba, pero también olía al perfume del desequilibrio y la exuberancia de la madre, cosa que, sin darse cuenta, lo obligaba a separarse de ella cuando la simple presencia de Sofía lo ahogaba. Otra manera eficaz para poner distancia era enfriando la vida sexual. O perdiéndose en sus vericuetos mentales.

Pasaron unos meses hasta que Ignacio se volvió a comu-

nicar. En ese lapso había pensado en su madre y en el desequilibrio que habíamos descrito juntos. Necesitó procesar
esta nueva manera de recordarse a sí mismo aceptando que
cada pieza encajaba con precisión. También reconocía sus
refugios mentales y las quejas de su mujer cada vez que se
adentraba en su mundo infranqueable. Sofía era sociable y
simpática, en cambio Ignacio se resguardaba en su austeri-
dad emocional, pero empezó a aceptar los reclamos de Sofía
con respecto a la vida sexual y al deseo de tener hijos, cosa
que a Ignacio le resultaba abrumador. Nuestra propuesta
fue seguir observando si ese refugio, que había sido su salvación cuando era niño, le estaba impidiendo madurar y amar
con toda la capacidad de un hombre adulto. Confiábamos
en que, conociendo y comprendiendo cómo se habían origi-
nado sus obstáculos emocionales, iba a ser capaz de abrirse
al amor y al intercambio de placer.

El volcán

VOLCÁN

Mercedes se comunicó desde Valparaíso, Chile. Tenía cuarenta y dos años, una niña de seis y un niño de tres. Había leído casi todos mis libros, por lo tanto, parecía haber tenido una vida difícil y no quería transmitir sus enojos y su impaciencia a sus hijos. Como estaba al tanto de qué era la **biografía humana**, empezamos enseguida.

Vivencias infernales

Su madre provenía de una clase social muy baja y no había terminado la escuela primaria. Había trabajado como sirvienta desde los catorce años hasta que se casó con el padre de Mercedes, que ya tenía montado su propio negocio en el campo de la electricidad. Tuvo cuatro hijos, un varón y tres mujeres. Mercedes era la mayor de las mujeres. Su padre había estado casado con anterioridad, aunque Mercedes solo tuvo acceso a estos datos durante la adolescencia, cuando también se enteró de que tenía hermanos mayores por parte del padre.

La infancia de Mercedes y de sus hermanos estuvo marcada por el **alcoholismo de su madre**, las depresiones y las amenazas. A las peleas entre sus padres les seguía la ingesta de pastillas y su madre podía encerrarse sin salir días enteros en su habitación. Sin embargo, esas eran jornadas de calma en comparación con los períodos de lucidez en los que su madre pegaba con fuerza a las tres hijas mujeres. El hermano varón no estaba en esos momentos, pero Mercedes no recordaba por qué. Después de las palizas, a veces el padre las «rescataba», se las llevaba de paseo, pero mientras nos contaba el panorama, le dijimos que no se trataba de ningún rescate, pues la violencia en casa era permanente. Ahí debía pasar otra cosa.

Preguntando más detalladamente, supimos que a los ocho años Mercedes ya cocinaba, limpiaba, lavaba y planchaba la ropa de su padre, siendo responsable del funcionamiento completo del hogar. No tenía amigos en la escuela, no recordaba por qué, pero sí recordaba la sensación de sentirse «poca cosa».

Intentamos buscar escenas y situaciones concretas durante su infancia. Aparecieron recuerdos de las revistas pornográficas que estaban al alcance de los niños y de los padres gritándose entre ellos con palabras subidas de tono. Fueron necesarios varios encuentros para ordenar escenas extrañas, porque no todas respondían a recuerdos propios. Le preguntamos directamente por abusos posibles por parte de su padre y, como es habitual, los recuerdos eran confusos. Mercedes mezclaba la actualidad con el pasado; por lo tanto, para limpiar el escenario, intentamos ubicar cada acontecimiento en su tiempo y lugar.

Mercedes nos dijo que «revolver» estas escenas del pasado la dejaban con una sensación rara. De hecho, siempre se había sentido diferente al resto de las niñas. Fuimos eligiendo palabras precisas para esclarecer las dinámicas entre su madre y su padre aparentemente pasionales y violentas, obligando a los niños a participar, aunque aún no sabíamos con qué cuotas de perversión. Sorprendentemente, Mercedes tenía recuerdos positivos de su padre, del que hablaba como el más bueno y cariñoso, pero esto no encajaba con el escenario que estábamos vislumbrando. Trató de justificarlo una y otra vez, pero la realidad se imponía.

Al final tuvo que reconocer los abusos de su padre y las alternancias entre las palizas de su madre y los períodos de borrachera que podían durar días. Le propusimos observar juntos la imagen del infierno. Sí, encajaba con sensaciones internas. Algo le quemaba por dentro.

EXPLOSIONES PARA DRENAR LA VIOLENCIA

Tratamos de imaginar juntos qué opciones tenía, partiendo de un escenario abrasador. Potencia. Pasión, energía, calor, sexualidad, deseos ardientes. Era probable que ella hubiera crecido explotando como hacía su madre. Con esa hipótesis, y acordando con Mercedes que quizá las vivencias habían sido peores de lo que habíamos logrado ordenar, le propusimos avanzar en la cronología de su vida.

Entonces nos relató que a sus trece años su padre había fallecido como consecuencia de un infarto cerebral. ¿Cómo no lo había enunciado antes? Le dijimos que podíamos comprender la idealización que había construido alrededor de la figura de su padre, ya que había partido tempranamente, pero ahora dudábamos aún más de sus recuerdos. Según el discurso engañado de Mercedes, «a partir de ese momento empecé a enojarme con la vida». Le respondimos que era posible que esas palabras las hubiera dicho su madre. En verdad, su vida ya era bastante difícil antes de la muerte del padre. Pero al menos íbamos a prestar atención a la coincidencia con nuestra hipótesis: sus enojos o sus explosiones podían perfectamente ser un mecanismo aprendido de supervivencia, en clara identificación con su madre.

A los quince años, ya había tenido su primer novio y las primeras experiencias sexuales. Esa relación estuvo marcada por unas peleas terribles, golpes y reconciliaciones. Reproducía lo mismo que había aprendido. Nosotros tiramos del **hilo de las explosiones violentas**. Le explicamos que en medio del infierno quien explota antes, explota mejor. Por eso comprendíamos perfectamente sus reacciones desde siempre habituales, pero que se fueron consolidando a medida que ella fue creciendo y adquiriendo poder en el área de las decisiones. De hecho, desde joven tomó las riendas de los tratamientos psiquiátricos de su madre, incluso desoyendo las propuestas de sus hermanas. Por algún motivo, el hermano mayor había quedado fuera del mapa.

Le mostramos la **imagen del volcán** y se echó a reír. Nos dijo: «Ni loca se lo muestro a mi marido porque es lo mismo que me viene diciendo desde que me conoce». ¿Para qué servía mostrar esa imagen? Para ordenar la información y pensar la lógica de las escenas que estaban por venir, en lugar de escuchar las interpretaciones que Mercedes tenía para cada asunto. Era obvio que le sobraba potencia, fuerza e intensidad. ¿Eso era bueno o malo? No importa. Teníamos que revisar si esa energía arrolladora estaba justificada y era utilizada para hacer el bien, o si se desbordaba lastimando a los demás sin darse cuenta. Los volcanes tienen algunas desventajas, entre ellas que cuando irrumpen, lo hacen sin previo aviso y la cantidad de lava es tan inmensa que quema todo lo que toca.

Nosotros íbamos a estar atentos para constatar los desbordes de Mercedes y sus consecuencias. Se lo explicamos con esas palabras. Mercedes se incomodó un poco, dio vueltas y preguntó si el hecho de sobreponerse y salir triunfante de los conflictos tenía algo que ver con todo esto. No lo sabíamos, pero podíamos observarlo juntos.

EL PULSO DE AGUANTAR Y LUEGO ESTALLAR

Mercedes dejó pasar algunos meses hasta que retomó los encuentros. Dijo que había decidido darse un tiempo porque no podía tolerar bajar del pedestal a su padre. Lo guardaba en su memoria como la persona que más la quiso. Le respondimos que podía hacer con la memoria de su padre lo que ella quisiera y si le servía sentirse amada por él, no tenía por qué modificar ese sentimiento. Nosotros estábamos tratando de mirar sus escenarios globales para que luego ella pudiera comprenderse más a sí misma. No la juzgábamos a ella en absoluto, ni a su padre ni a su madre. También le explicamos que cuando un ser querido muere tempranamente, esas figuras suelen convertirse en un buen refugio porque es factible fantasear y moldear los recuerdos como más nos convenga. Imaginar que fuimos amados por esa persona que ya no está, nos acuna y nos calma. En cambio, no nos resulta tan fácil modificar los episodios con quienes están vivos y nos maltratan.

Decidimos hacer algunos trazos gruesos sobre el devenir de su juventud teniendo en cuenta sus muy probables estallidos como modelo automático para vivir. Mercedes trabajó desde joven. Estudió una diplomatura de administración de empresas y trabajó en diferentes compañías. Hasta los treinta y tres años todos sus relatos estuvieron teñidos de jefes perversos, novios violentos y cambios intempestivos de trabajo. Los recorrimos observando la **imagen del volcán**. Fuimos registrando el orgullo por resistir situaciones adversas hasta llegar al límite de sus fuerzas, estallar e irse para comenzar de nuevo en otra relación o en otro lugar.

Describió a todos sus novios como imbéciles, locos y psicópatas. Hasta que conoció a su esposo y padre de sus hijos, quien «fue el primer hombre normal». Para un detective entrenado es fácil reconocer que esto significaba que el hombre no era visiblemente conflictivo como los anteriores, por lo tanto, dejaba el territorio disponible para que Mercedes desplegara sus furias sin límites. Así se lo dijimos. Y Mercedes enmudeció.

Luego tuvo que aceptar que su esposo **aguantaba sus explosiones** hasta que decidía irse de casa por días enteros. Luego regresaba. Mercedes reconoció que lo volvía loco, lo despreciaba, le exigía que ganara más dinero. En este contexto, llegó el primer embarazo. Es interesante notar que cuando encontramos el pulso de una **biografía humana**, podemos comprender de antemano la lógica y saber cuáles serán las opciones dentro de un determinado escenario. Para un volcán no va a ser sencillo relajarse en la ternura y el silencio... y de eso se trata tener un hijo. Al volcán le van a arder las heridas pasadas y va a estallar de dolor frente a la sensibilidad y la porción de sombra que un niño pequeño va a manifestar. Esto lo planteamos antes de entrar en el relato propiamente dicho. Hago hincapié en que los relatos, en principio, son engañados, porque se expresan desde el personaje. ¿Qué diría un volcán en medio de un parto o un puerperio? «¡Estos médicos no sirven para nada!», «¡Esta niña es imposible!», «¡Los hombres son unos inútiles!» o cualquier opinión que le permita **descargar su fuego interno**. Por lo tanto, solo vale la pena abordar la realidad del vínculo entre la madre y esa niña en la medida en que observemos desde la lógica del mapa, en lugar de escuchar las quejas o lo difícil que es criar a una hija con un hombre que no la ayuda.

Este planteamiento dejó a Mercedes «fuera de juego», porque sin quejarse ni enojarse... no sabía muy bien qué hacer. Nos quedamos observando esta situación. Claro que los primeros años con la niña fueron muy complicados. No vale la pena relatar aquí las peleas, las confrontaciones ni los estallidos. Los hubo sin cesar. Sin embargo, la novedad para Mercedes era poder comprender que los estallidos no sucedían porque alguien hacía las cosas de un modo diferente a como ella esperaba o porque la niña pedía demasiado, sino que era su modo infantil y automático para sobrevivir al desamor desde tiempos remotos.

Luego, durante meses revisamos escenas cotidianas. Abordamos el segundo embarazo y el nacimiento de su hijo, la impaciencia, las pretensiones absurdas de que el mundo se acomodara a sus fantasías. Casi cualquier circunstancia la hacía estallar. Por lo tanto, nos dedicábamos laboriosamente a rebobinar cada escena, detectando dónde una actitud, una dificultad o una creencia tocaban sin querer alguna herida antigua y cómo el volcán irrumpía una y otra vez.

Poco a poco, Mercedes fue aplacando sus descargas contra sus hijos, en cambio aumentó la furia contra su madre. Eso tampoco servía para gran cosa, ya que seguía el mismo impulso de estallar por el estallido mismo. ¿Tendría que de-

jar de visitarla? No era esa la cuestión, ya que no se trataba de
la madre real, sino de la madre interna, es decir, de la vivencia
que ella ya tenía construida afectivamente. Un volcán siempre tiene motivos para enojarse: que la madre no la ayuda-
ba con los niños, que su suegra tampoco y que su marido tampoco. Que el niño sufría de espasmos de sollozo. Entonces
pudimos reconocer que no se le ocurría pedir ayuda, in-
tercambiar impresiones con amigas o conocidas ni registrar
sus limitaciones. El impulso era **aguantar** para luego poder
estallar. El «aguante» era altamente valorado por Mercedes
y cuando un recurso es valorado, difícilmente lo abando-
namos. Ese mecanismo «aguante/estallido» lo revisamos en
múltiples episodios hasta que Mercedes lo fue asumiendo
con claridad.

Y así continuamos, mirando escenas actuales en las que,
de tanto en tanto, reconoce su aguante, logra contar explíci-
tamente lo que le pasa o lo que necesita y encuentra cauces
posibles para destrabar y llegar a acuerdos sintiéndose un
poco más dichosa y confiada. Otras veces el automático se
dispara produciendo una previsible explosión.

En ese contexto, seguimos acompañando. Cuando los
pacientes lo desean, sobre todo cuando pueden reconocer
intelectualmente lo que les pasa, pero no logran actuar en su
vidas cotidianas como pretenden, el behacheador continúa
con paciencia revisando cada escena, desarmando los supuestos y ofreciendo opciones para actuar según la ley del
amor, en lugar de actuar en automático desde la desesperación. A veces hay pasos hacia delante. Otras veces, hacia
atrás.

La prescripción médica

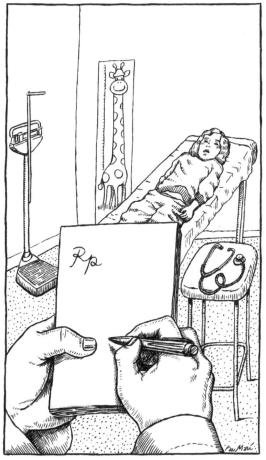

PRESCRIPCIÓN MÉDICA

Lola vivía en Bahía Blanca, al sur de la provincia de Buenos Aires. Tenía treinta y ocho años y un niño de un año y medio. Llegó a la primera consulta ansiosa y con una lista de preguntas para hacer. Aunque había leído mis libros, quería respuestas precisas sobre la duración del tratamiento, la asiduidad, la resolución de conflictos y la experiencia profesional de la behacheadora. Había probado todo tipo de terapias: freudiana, lacaniana, conductual y holística. Aún participaba en varios grupos terapéuticos, entre ellos, en uno que trataba adicciones. Rápidamente quiso dejar en claro que había sufrido abusos por parte de un tío alrededor de los cinco años y que esto lo había recordado hacía poco tiempo ordenando un armario, y se había angustiado tanto que su pareja tuvo que llamar a emergencias médicas y le diagnosticaron una **esquizofrenia leve**. El psiquiatra la medicó y Lola enumeró todos los medicamentos, calmantes y tranquilizantes que estaba tomando.

Nos detuvimos y le explicamos que, en principio, nosotros no trabajábamos con personas medicadas, ya que iba en contra del contacto con su yo. No sabíamos si íbamos a poder llevar a cabo esta indagación, pues necesitaríamos el máximo de lucidez emocional, y con tanta ingesta de medicación, iba a ser muy complicado. Lola respondió que se sentía lúcida y que estaba dispuesta a colaborar y probar si esta metodología le servía. Comenzamos su **biografía humana** compartiendo con Lola nuestras dudas y acordando que tal vez nos veríamos obligados a interrumpirla.

Cuando los relatos son confusos

Sus padres eran gente sencilla de clase media, de origen español, que valoraban mucho el trabajo y el esfuerzo. Tenía pocos recuerdos de infancia, pero indagando, pudimos vislumbrar una madre dura, gritona y exigente. Lola tenía una hermana cuatro años menor.

Recordaba algunas palizas por parte de la madre y de la abuela materna que a veces las cuidaba. La madre dejó de trabajar cuando Lola iba a la escuela de primaria. Infancia de juegos en la calle, escuela pública y no mucho más. El relato era lineal, pero puso énfasis en el abuso sexual del tío. La escuchamos, pero le explicamos que el abuso sexual en sí mismo probablemente no era el punto más importante. Estábamos intentando establecer un escenario de soledad, falta de mirada y rigidez que obligaba a una niña a arreglárselas sola. Si una criatura está sola y sin cuidados, le puede pasar cualquier cosa.

En ese punto, Lola empezó a mezclar recuerdos. Dijo que hacía pocos meses le había contado estos episodios a su madre y que ella no la había creído; entonces se angustió tanto que días más tarde, en un viaje en autobús, sintió la mirada «rara» de una mujer. De inmediato, le «agarró un ataque», se tiró al suelo y empezó a gritar. El conductor del autobús tuvo que detener la marcha y llamar a la policía. En medio de la confusión, alguien le robó la mochila, avisaron a su esposo y después de todo esto retomó con mayor asiduidad las visitas al psiquiatra. Aparentemente querían internarla, pero como tenía un bebé, el esposo hizo los trámites necesarios para tenerla bajo vigilancia en casa.

Detuvimos el relato porque era muy confuso. Suavemente le explicamos que necesitábamos ordenar la información. Que no íbamos a abordar nada que hubiera sucedido durante su adultez. Aún estábamos tratando de organizar su escenario de infancia y la cronología iba a ser sumamente esclarecedora.

EN BUSCA DE UNA LÓGICA FIABLE

Volvimos sobre su infancia y aparecieron relatos confusos. No lográbamos comprender si estaba describiendo escenas perversas de la madre para con ella y la hermana, o si se trataba de fantasías. Por otra parte, Lola confundía experiencias sexuales muy tempranas, aparentemente desde los trece años, junto a detalles raros sobre las «lecciones» de su madre con respecto a sus genitales y el problema de falta de orgasmos en la actualidad. Todo esto era una ensalada de comentarios sin conexión.

Una vez más, le dijimos a Lola que necesitábamos encontrar referentes fiables para separar realidad de interpretaciones. Aún no disponíamos de un escenario claro de infancia; teníamos que determinar si la madre estaba desequilibrada, luego teníamos que abordar qué había hecho Lola para sobrevivir y cómo iba a salir al mundo durante su adolescencia con su personaje a cuestas. Estábamos perdidas en el laberinto del desorden. Entonces Lola retomó el relato quejándose de que su madre no quería enterarse de los novios que ella había tenido. La frenamos una vez más. Le explicamos que íbamos a tener que determinar antes que nada si la madre estaba cuerda o no, si estaba medicada o si todo era un descalabro para obtener un panorama relativamente real. En caso contrario, no íbamos a poder continuar.

Los primeros encuentros fueron muy difíciles para organizar hechos reales. Le explicamos a Lola que necesitábamos tener una visión clara sobre la figura de su madre. Formulamos preguntas muy específicas y lo que obtuvimos fue que la madre se pasaba el día mirando la tele como anestesiada. Le respondimos que era probable que su madre estuviera medicada en aquel entonces, pero Lola no lo sabía. Lógico, los niños no estamos al tanto de esas cosas. Preguntamos más sobre qué hacía la madre durante el día, ya que no trabajaba, pero tampoco se ocupaba demasiado de la casa ni de las niñas. Lola no lo sabía. Aunque sí recordaba que su madre «hablaba sin filtro». Podía decir cualquier cosa sin medir las consecuencias. Llegamos a la conclusión de que su madre a menudo hablaba mal, incluyendo detalles íntimos, sobre cuñadas, vecinas o conocidos. En otros momentos, quedaba anestesiada frente a la tele durante tardes enteras.

Seguíamos investigando en una nebulosa de imprecisiones. Cuando esto sucede, nuestra principal hipótesis es la presencia de cierto **desequilibrio materno**, porque ninguna respuesta encaja en ninguna lógica. Llegó la oportunidad de explicarle a Lola los estragos psíquicos cuando provenimos de un escenario de **caos** materno. Entonces le mostramos directamente la **imagen del caos**. Asintió inmediatamente. Luego quiso mezclar estos conceptos con que cada vez que pretendió ordenar su vida le «dieron brotes esquizoides», pero la frenamos una vez más diciéndole que no lo sabíamos. Que apenas estábamos intentando comprender el escenario de su infancia. Insistimos en que estábamos tratando de encontrar una lógica que se sostuviera y que, dentro de ese caos, era probable que la madre estuviera medicada o tal vez alcoholizada. A Lola se le iluminó la cara. «¡Sí! Mi madre se quedaba dormida en la mesa y por las mañanas tenía mucho dolor de cabeza». En fin, tuvimos varios encuentros en los que tratamos de despejar y poner nombre a múltiples escenas, pero a medida que avanzábamos el panorama era cada vez peor. En apariencia, la madre se pasaba la vida visitando médicos y la ingesta de medicación alopática era una constante. De hecho, Lola había tomado remedios ya sea para tratamientos dermatológicos, para bajar de peso, para las alergias y desde los trece años, anticonceptivos.

LA MEDICACIÓN COMO MEDIADOR AFECTIVO

Teníamos un problema. Era probable que la madre estuviera bastante desequilibrada. Por supuesto, también ausente emocionalmente de Lola, y que usara **los medicamentos como mediadores afectivos**. El recurso que aparentemente tenía la madre para poder vincularse con ella misma y con los demás, era la medicación. Por eso la usaba en toda circunstancia. Lola había sido medicada, era imposible saber hasta qué punto, pero la ingesta era abundante y diversa, porque los fármacos eran el alimento emocional que la madre había podido ofrecer. La alopatía tapa, adormece y anestesia las manifestaciones saludables del organismo; por lo tanto, no solo teníamos un panorama confuso, sino además tapado por años de medicación. En el caso de Lola, se sumaba un problema más: los diagnósticos médicos y psiquiátricos.

Intentamos continuar con la cronología, aunque estábamos investigando con los ojos vendados. Supuestamente, a los diecisiete años Lola había sufrido su primer «brote esquizofrénico». Nosotros le respondimos que no nos interesaba el título que le habían otorgado los diferentes especialistas. Precisábamos abordar con exactitud qué había sucedido en cada circunstancia. ¿Cómo había sido el supuesto «brote»? ¿Qué había sucedido concretamente? Hicimos preguntas específicas, pero las respuestas eran vagas: que a la madre no le gustaba el novio que tenía, que el ginecólogo al que visitaba le había dicho que tenía que dejar al supuesto novio... hasta que pudimos establecer que eran tantas las peleas con su madre que Lola había intentado irse de casa. Y que ella «no se sentía esquizofrénica», pero que hubo un episodio en el que se negó a que le inyectaran una medicación contra sus alergias y que por esto la madre la llevó a otro médico que le diagnosticó el «brote». No podíamos confirmar que esto hubiera sucedido así, porque nos llevaba mucho tiempo limpiar sus relatos, ordenar, volver a revisar hasta encontrar alguna mínima lógica. Lo que sí supimos fue que en ese momento no logró salir de la casa de sus padres y que cambió de psicóloga una vez más.

Lola cursó una diplomatura de enfermería. Finalmente, a los veinticuatro años logró irse a vivir sola, en las afueras de la ciudad, a una casa pequeña que tenía jardín y posibilidad de cultivar un huerto, ayudada económicamente por los padres. Pero al poco tiempo, una noche después de sufrir una pesadilla, tuvo otro «brote». En ese momento, volvimos a frenar los relatos. No sabíamos si había tenido un «brote» o no, pero una joven con tan pocos recursos emocionales, medicada y viviendo sola en una casa alejada... ¡lo mínimo que podía suceder era que tuviese miedo! Cualquiera de nosotros hubiera tenido miedo en una situación similar. Tratamos de establecer qué había sucedido concretamente. Parece que había salido en medio de la noche semidesnuda caminando por las calles vacías hasta que un policía la vio y la llevó a la comisaría. ¿Ese era todo el «brote»? Entiendo que las personas normalmente no hacemos «eso», pero también se podría haber evaluado el miedo en una noche oscura en una casa aislada, sumado a que era una joven inmadura y sin recursos. En fin, las opiniones de cada profesional que visitaron desde ese hecho eran diversas, pero no sabíamos si Lola tergiversaba, inventaba, o si efectivamente todos habían coincidido en diagnosticar un «brote psicótico».

Diagnósticos e ingesta de medicación en lugar de abordar la soledad

La cuestión es que, desde aquel momento, Lola se acomodó a su diagnóstico. Había pasado por innumerables psiquiatras y psicólogos. Ella hablaba con cariño de cada uno de ellos, ya que todos la habían «apoyado». No dudamos de las buenas intenciones y el cariño que cada profesional seguramente le había prodigado. Hasta la actualidad llevaba más de treinta años de medicación ininterrumpida.

Le dijimos que teníamos que acordar un nuevo concepto antes de continuar esta indagación. Nosotros no creíamos que ella hubiera tenido «brotes psicóticos». Por el contrario, pensábamos que desde niña había encontrado amparo, refugio, mirada y cuidados en la medida en que algún profesional le recetaba algún remedio. Eso ya la calmaba. Era comprensible, porque había sido el modo que su madre había utilizado siempre. Sospechábamos que durante su niñez, la madre no había sido capaz de interpretar sus peticiones, demandas o necesidades conectada amorosamente; en cambio podía ofrecerle cariño a su hija si la llevaba a algún médico. Había delegado el amor en la ingesta de medicamentos, pero denominar «brotes psicóticos» a las peticiones desesperadas de amor... era un despropósito. En el pasado, la madre se había conformado con el diagnóstico, pero a ella no le servía para comprenderse más a sí misma.

Lola escuchó con mucha atención. Dijo que le resonaba y que nunca se le había ocurrido cuestionar ese diagnóstico. El psiquiatra al que estaba visitando en la actualidad le formulaba las mismas dos o tres preguntas según un protocolo y luego le recetaba la misma medicación. De vez en cuando, la modificaba y le daba hora para el mes siguiente. Quisimos saber cuáles eran esas preguntas: si oía voces, cosa que nunca le sucedió. Si tenía pensamientos relativos a la muerte (es decir, si pensaba en el suicidio) que, estaba segurísima, nunca los había tenido. Y si sabía la fecha de ese día, dato con que jamás se había confundido. Lola respondía con certeza y el psiquiatra le recetaba pastillas para un mes.

Estábamos comprobando si Lola comprendía nuestra propuesta porque no estábamos seguros, pero poco a poco ella empezó a relacionar cada episodio «raro» del pasado que fue interpretado como «brote», con situaciones de soledad. La soledad estaba siempre presente antes de cada reacción desesperada y algo «loca». Se reconocía a sí misma sola, sola y más sola.

RECUPERAR LA CONFIANZA EN LAS PROPIAS PERCEPCIONES

El desarrollo de la **biografía humana** con Lola fue lento, arduo y descuidado. A veces no sabíamos si estábamos abordando la historia de vida desde la verdad. Por otra parte, percibíamos que Lola era intuitiva e inteligente, pero **no tenía confianza en sus propias percepciones**. Entonces nos dedicamos a «desarmar» cada «episodio raro», abandonando la idea de tanto «brote psicótico» y pensando cada situación en el contexto de escenarios demasiado duros para una niña desamparada y con una madre ignorante en términos emocionales. Poco a poco, Lola empezó a darse cuenta de la lógica que tenían sus peticiones desesperadas de compañía, comprensión y cariño. Nos dedicábamos a mirar de frente cada episodio, reconociendo que eran berrinches de una niña que estallaba en momentos precisos para obtener algo concreto. Todo esto le resonó en su interior. Observar desde esta nueva óptica le resultaba claro y esperanzador.

Finalmente, un día le dijo a su behacheadora: «Yo nunca me sentí ni psicótica ni esquizofrénica, pero tampoco me permití dudar, preguntar ni negociar nada referido a mi salud mental con ninguna autoridad médica. Simplemente, jamás se me ocurrió. Y ahora lo estoy pensando y me da miedo». Fue la primera luz de esperanza que obtuvimos. Tal vez algo íbamos a poder hacer con esta paciente. Por supuesto, le respondimos que ella no había tenido herramientas para cuestionar nada. Su madre no contaba con recursos porque probablemente había tenido una infancia mucho más dura y cruel que ella. Por primera vez Lola empezó a llorar y llorar y llorar. Litros de lágrimas que chorreaban por su rostro como si hubiéramos abierto un grifo de tristeza. Acompañamos llorando a dúo al mismo tiempo que festejábamos que ella estaba conectando con algo verdadero. Le resonaba en su interior, aunque no sabía cómo transmitirlo con palabras. Volvimos a revisar todos los episodios relatados, una y otra vez, que no describiré aquí, y cada vez cobraba más sentido el berrinche infantil por lo ingenuas que eran sus reacciones.

Le propusimos continuar abordando su **biografía humana** alejándonos de la creencia de que ella estaba loca. Sí había estado, y seguramente aún estaba, **sometida** a los diagnósticos ajenos. Le planteamos seguir la indagación usando la **imagen de una gran receta médica con la prescripción de un medicamento** cualquiera y una niña incapaz de tomar ninguna decisión porque se había estancado en su ingenuidad infantil. Estuvo de acuerdo.

Proyección del supuesto saber o contacto con el yo

Continuamos con la cronología siempre tomando en cuenta que el hilo de esta **biografía humana** iba a ser la proyección del **supuesto saber** en los demás. Con seguridad en los temas relativos a la salud, pero probablemente iba a funcionar de igual modo en otras áreas: los demás sabían y ella no sabía, porque estaba loca o algo disminuida. Ese era el **discurso engañado**.

Conoció a su esposo Alejandro alrededor de los treinta años. Se sentía cuidada por él, ya que se interesaba por su salud, estaba pendiente de sus necesidades e incluso llevaba anotados los horarios en que Lola debía tomar la medicación. Tanto orden y responsabilidad deslumbraron a Lola. No pudimos rescatar muchos detalles, pero dentro del panorama de desbordes en el que Lola vivía, un hombre recto, prolijo, con trabajo estable, cariñoso y atento para encauzarla, era un lujo. De hecho, durante los primeros años de convivencia, Lola no había tenido ningún «brote». Observamos que sintiéndose acompañada, no tuvo necesidad.

Se quedó embarazada. El embarazo transcurrió sin inconvenientes, ya que estuvo sumamente cuidada por su esposo, atendida y apoyada. Lola trabajó en horario reducido y se dedicó a llevar adelante su embarazo controlada por su psiquiatra con mínima ingesta de medicación. Tuvo un parto convencional en una clínica, pudo amamantar al bebé hasta que un brillante pediatra, de los muchos que debe de haber visitado, le dijo que el bebé tenía que aumentar más de peso y le prescribió leche en polvo. Lola obedeció de inmediato. Observamos la imagen y nos quedamos un rato mirándola. Preguntamos lo obvio: si ella creía en ese momento que el bebé no estaba bien o si le preocupaba el peso. Era evidente que no. El bebé estaba perfecto, pero jamás se le hubiera ocurrido pensar algo autónomo por fuera de la opinión de un especialista.

Desde entonces nos hemos dedicado a cotejar una y otra vez la distancia entre lo que Lola sabía, intuía o percibía interiormente, es decir, el alcance de su propio criterio al que tenía muy abandonado, y el automatismo de acatar a cualquiera vestido con una bata blanca. No era psicótica, no estaba enferma. La única dificultad era el grado de obediencia hacia cualquier individuo que tuviera colgado un diploma en la pared. Teníamos que estar atentas a no indicarle absolutamente nada. De hecho, con frecuencia nos preguntaba temas relativos al niño, pero una y otra vez le devolvíamos la pregunta y, para su asombro, en principio lograba tomar decisiones de las que se sentía segura, siempre que estuviera respaldada.

Llegar a este entendimiento nos llevó cuatro meses, pero luego Lola continuó esta indagación durante dos años más. Iba asumiendo poco a poco en qué circunstancias la colocaba el sometimiento automático a la opinión de cualquiera y en cuáles asumía el compromiso de hacerse preguntas personales, aunque no tuviera certezas y precisara pedir ayuda. La diferencia estaba en cotejar internamente, si las indicaciones ajenas le encajaban en su ser esencial.

Su hijo ya había cumplido dos años y por supuesto nos dedicamos a recorrer con paciencia la realidad desde el punto de vista de ese bebé. No nos sorprendimos al constatar la cantidad de enfermedades que ese niño ya había padecido y las visitas regulares a médicos diversos. Sin embargo, poco a poco Lola había empezado a comparar tibiamente cada indicación pediátrica con su criterio. Seguía consultando con varios médicos al mismo tiempo, pero agregaba sus percepciones a la hora de tomar en cuenta lo que se le indicaba. Era un paso importante. Nos quedaba por delante un trabajo arduo, invisible y agotador, pero a Lola le había cambiado la vida. Su yo, sus percepciones, sus vivencias y sentimientos formaban parte de su vida cotidiana. Esa soledad enraizada no estaba tan presente, no solo porque contaba con un esposo atento, sino porque la certeza de saber que poseía su propio criterio, la alejaba de cualquier fantasma sobre «brotes intempestivos» que no tenían razón para aparecer.

Lloró mucho, muchas veces. Dio pasos hacia delante y hacia atrás. Buscaba de forma automática nuestra aprobación, pero una y otra vez le demostrábamos que no la necesitaba. Fue disminuyendo la medicación lentamente. El psiquiatra la notaba mejor sin imaginar que no estaba tomando casi nada. Revisamos cuadernos viejos con anotaciones del pasado. Abordamos incluso el sometimiento a los puntos de vista del esposo, que estaba acostumbrado a que Lola simplemente obedeciera, pero ahora se sentía desconcertado y temeroso de que algo malo le sucediera. Lola a veces volvía a sus automatismos sin darse cuenta, y nuevamente observábamos su personaje plasmado en la imagen, y comprendíamos la necesidad infantil de que alguien le prescribiera un remedio bien concreto, para dejar de pensar y solo ingerir lo que hiciera falta. Volvimos a hablar reiteradamente sobre la inhabilitación de sus propios criterios y pensamientos. Se atrevió a ir a visitar a un homeópata con quien se sintió a gusto, porque no fue con miedo, sino con deseo. Claro que las urgencias de los hospitales continuaban siendo los lugares más calentitos y amparadores del mundo... y cada tanto tenía alguna excusa para terminar allí.

Así fuimos comprobando una y otra vez. El deseo del otro. El deseo de Lola. El deseo del otro. El deseo de Lola. Para ir madurando y aprendiendo a pasar las experiencias por su propio y sensible tamiz.

La huida

HUIDA

Gonzalo vivía en Buenos Aires. Tenía cuarenta y un años, y con su mujer tenía gemelos de dos años. Era dueño, junto a su padre, de una distribuidora de bebidas. Nos había contactado porque desde el nacimiento de los niños las peleas con su mujer habían aumentado y sobrepasaban los gritos hasta golpearse mutuamente. Esto lo había perturbado, pues nunca imaginó que podía llegar a perder la compostura. Por eso pensó que lo mejor era irse de casa, pero antes de tomar cualquier decisión, le pareció pertinente indagar y tratar de comprenderse más. Había leído mis libros, por lo tanto, después de una breve conversación, iniciamos el trazado de la **biografía humana**.

La esquizofrenia como consecuencia de la crueldad

Intentamos abordar su infancia, pero Gonzalo medía sus palabras como si tuviese miedo de **traicionar** a alguien. Nos dimos cuenta de que ese «alguien» era **su madre**, por eso nos tomamos el tiempo necesario para explicarle que estábamos buscando sus vivencias de niño sin juzgar a nadie, y que observar hoy las escenas del pasado no iba a traer consecuencias. Lo comprendió y confesó que hablar sobre lo que sucedía en casa era como desnudar la figura de su madre, cosa que jamás nadie había hecho. En principio porque la imagen que su madre se esmeraba por exteriorizar era muy distinta a lo que pasaba dentro de casa, y además porque él siempre tuvo miedo de enloquecer. ¿Quién lo había dicho? Nadie. ¿Nadie? No era creíble. Si un niño tiene miedo de enloquecer, es porque alguien ha mencionado esa posibilidad o porque la madre culpa al niño de sus propios desbordes. Volvimos a hablar un buen rato sobre los muy probables desbordes de su madre para habilitarlo a abrir las compuertas de sus recuerdos proponiéndole que simplemente nos relatara escenas que considerase importantes.

Entonces recordó una noche en que su padre lo levantó de la cama y lo llevó a dormir a un hotel mientras su hermano mayor, Federico, se quedaba con su madre esperando que se calmara después de una de sus explosiones habituales, sin que nadie explicara nada. También recordó una vez que Federico lo fue a buscar a la escuela y que, mientras regresaban caminando a casa, se peleó a golpes con dos muchachos mientras Gonzalo, muerto de miedo, no sabía qué hacer porque no sabía regresar solo a casa. Luego recordó otra escena en la escuela en la que trataba de explicarle a la maestra que su hermano estaba enfermo y la maestra le hacía preguntas que Gonzalo no sabía responder.

Le preguntamos entonces por qué decía que su hermano estaba enfermo. «Porque es esquizofrénico.» ¡Ah! Paremos las rotativas.

¿Tu hermano está diagnosticado con esquizofrenia? «Sí.» ¿Desde cuándo? «Desde que cumplió veinte años, yo tenía catorce.» Entonces vamos a buscar detalladamente cómo tu madre se ensañó particularmente con él y luego veremos qué pasó contigo. Le explicamos que se precisaban unas cuantas condiciones para fabricar a un esquizofrénico. Por eso pusimos el foco en su madre y en su probable violencia.

Una vez que dijimos la palabra «violencia», Gonzalo conectó con muchas escenas que fueron tomando forma. Es verdad que su madre descargaba su furia sobre Federico, sobre todo cuando se enfrentaba a ella. Luego la madre cambiaba el relato cuando el padre llegaba por las noches a casa, y contaba hechos que nunca habían ocurrido, mientras Gonzalo era testigo de esas incongruencias. Por ejemplo, si Federico traía un amigo a casa, su madre lo festejaba, lo trataba como si fuera alguien especial, le decía a ese niño que lo quería mucho, aunque fuera la primera vez que lo veía, y cuando partía, la madre se enfurecía prohibiendo a Federico que invitara a otros amigos. Gonzalo era pequeño, pero comprendía que algo estaba mal.

Era frecuente que su madre hablara mal de todo el mundo, siempre encontraba detalles para criticar o para echar culpas. Pensándolo desde la óptica actual, Gonzalo se dio cuenta de que nunca había conocido amigas de su madre ni tampoco mantuvieron vínculos con la familia materna, ya que se había peleado con todos mucho antes del nacimiento de sus hijos. Gonzalo había visto esporádicamente a algunos familiares en contadas reuniones sociales.

Preguntamos específicamente por estallidos de su madre y en efecto pegaba a ambos niños, pero se ensañaba particularmente con Federico. Tiraba objetos, vaciaba los armarios y los culpaba de sus desgracias. Los recuerdos de Gonzalo con respecto a su madre no eran tan nítidos, en cambio sí recordaba a la perfección a Federico cuando su madre lo ataba y le echaba cubos de agua fría hasta que se calmaba. También conservaba algunos recuerdos confusos de Federico escondiendo a Gonzalo en el lavadero de la casa detrás de unos muebles viejos para que su madre no los encontrara, aunque no sabía si él estaba en peligro o qué. Esa vivencia de estar protegido por Federico cuando era muy pequeño cambió durante su adolescencia, cuando empezó a tenerle miedo.

¿Y su padre dónde estaba? Gonzalo no lo recordaba, suponía que estaba trabajando. Preguntamos si las peleas entre Federico y su madre acontecían también durante los fines de semana en presencia del padre, pero Gonzalo no supo responder. Aunque sí sabía que el primer «brote» de Federico había sucedido cuando Gonzalo estaba en séptimo, por lo tanto, calculamos que Federico debía de tener dieciocho años, y que a partir de ese momento Gonzalo empezó a tenerle miedo. Sin embargo, no conservaba ningún recuerdo sobre ninguna agresión de su hermano hacia él, por lo tanto, compartimos nuestra sospecha de que el **discurso familiar** instalado era que Federico era peligroso. Federico en la actualidad, con su esquizofrenia a cuestas, vivía aún con sus padres.

Establecimos desde el principio que para que un niño haya reaccionado con tanta virulencia, lo que debía pasar en casa era, obligatoriamente, grave. Federico se convertía en nuestra principal guía para armar el rompecabezas de esta **biografía humana**. Sabíamos que su madre había descargado su furia sobre el hijo mayor y que en apariencia Gonzalo había quedado en segundo lugar, por lo tanto, más resguardado. Durante varios encuentros, fuimos ordenando escenas: el olor de la alfombra que Federico quemaba con sus cigarrillos. Las zapatillas sucias que su madre usaba para pegar a Federico en la cabeza. El padre que le pegaba a la madre encerrados en su habitación. Los recuerdos eran un espanto y Gonzalo reconoció que sus miedos aumentaron a medida que crecía. O tal vez iba tomando mayor conciencia.

El lavadero repleto de objetos en desuso se fue convirtiendo en un refugio donde Gonzalo se llevaba sus álbumes de cromos y se quedaba durante horas.

El atletismo y la disciplina

Teníamos un panorama desolador. Gonzalo siempre había creído que la enfermedad de su hermano le había arruinado la infancia, pero ahora estábamos observando que la violencia y los desbordes de su madre, alternando con sus depresiones y llantos, sus fantasías y exageraciones, eran la base del **caos** familiar. No podíamos obtener más detalles, pero resultaba obvio que Federico debía de haberse enfrentado como pudo hasta que lo acallaron a fuerza de ingresos y medicación.

Le mostramos entonces la **imagen del caos** que usamos en estos casos y le propusimos investigar qué había hecho él siendo niño para sobrevivir a este ambiente tan inestable. Nos respondió con total seguridad que a partir de los dieciséis años, con algo de autonomía para ir y venir y con su madre ocupada en la «enfermedad» de Federico, descubrió el atletismo gracias a un compañero de la escuela. Empezó a acompañar a su amigo al club y fue adoptando esta actividad diariamente. Su madre visitaba médicos y siempre había trámites o sitios a donde llevar a Federico, ya que tenía prohibido salir solo a la calle y, observando desde una lente actual, era poco y nada lo que sabía sobre Gonzalo.

Nuestra hipótesis era que, si el caos había sido moneda corriente durante la infancia, era esperable que buscara un máximo de **orden** y **disciplina** en cualquier área. Gonzalo asintió con seguridad. Lo que le fascinaba del atletismo era la exigencia del entrenador y los objetivos claros que tenía por delante. Saber claramente qué y cómo tenía que lograr sus metas fue un bálsamo en la vida de este joven que había encontrado un cauce ordenado y recto donde desplegar su energía.

Observamos que durante años estuvo tan abocado a su destreza física, que no tenía prácticamente registros de otras vivencias. Terminó el colegio, estudió Ciencias Económicas, pero antes de terminar la carrera ya estaba trabajando con su padre y tirando adelante la empresa hasta que se asociaron. Sus objetivos estaban focalizados en el despliegue económico y en el rendimiento de su desarrollo físico. Participó en maratones del país y del extranjero, hecho que le hacía sentirse dichoso.

Entendíamos que para Gonzalo tener disciplina y objetivos acotados era todo lo que necesitaba para vivir en paz. ¿En qué área iba a perderse? Si pensábamos con mente de detectives, nos daríamos cuenta de que el ámbito afectivo sería el más complejo, porque en ese terreno las experiencias no son ordenadas ni claras, sino todo lo contrario. Por lo tanto, en lugar de preguntarle, afirmamos que en sus relaciones afectivas íntimas probablemente se había visto más perdido.

Era un hombre muy guapo, así que mujeres no le habían faltado, pero creía que nunca se había enamorado. Sentía atracción por las mujeres, pero necesitaba que fueran sencillas y «sin vueltas». Si venían con pretensiones o exigencias, él daba por terminada la relación. Compartimos con Gonzalo conceptos teóricos sobre los refugios, los cauces necesarios para contrarrestar el caos emocional instalado durante su niñez y la distancia emocional que necesitaba para mantenerse afectivamente estable. Acordó con todo lo conversado, incluso dijo que era la primera vez que lo veía tan claro. Luego aparecieron más y más recuerdos de su infancia y adolescencia que confirmaban nuestra hipótesis, y sobre todo el cariño inmenso que sentía por su hermano, pero que desde hacía años lo tenía «encajonado» en su corazón.

Durante varios encuentros revisamos sus vínculos amorosos con mujeres, amistades, objetivos laborales y deportivos, algunas obsesiones y unos cuantos miedos. Jamás había reparado en que conservaba miedos incontrolables, sobre todo a las enfermedades, que tapaba con ejercicios físicos y con la convicción de que cuanto más se ocupara de su cuerpo, menos probabilidades tenía de enfermar.

Le propusimos a Gonzalo continuar la indagación teniendo presente la **imagen del caos**, pero agregando el dibujo de un individuo corriendo. O huyendo. Él había logrado ampararse en su disciplina y sus objetivos precisos al punto que los necesitaba como el aire que respiraba, sin los cuales se sentía en peligro. Gonzalo asintió, diciendo que en su interior le vibraba constantemente un peligro latente, aunque era incapaz de explicar esos sentimientos, ya que eran irracionales y sin vínculo con ningún hecho concreto. En verdad sí estaban relacionados con sus vivencias infantiles, que permanecían intactas desde entonces. Lo comprendió y sintió alivio al poder poner nombres y reconocer esas experiencias traumáticas, pero presentes en su interior. Dedicamos varios encuentros a conversar sobre Federico y su supuesta esquizofrenia, pero no daré detalles aquí.

Nacimiento de los mellizos y desorganización emocional

Con todos estos conceptos sobre la mesa, continuamos la cronología de su historia de vida. Había conocido a su mujer Andrea hacía diez años en un gimnasio donde a veces entrenaba. Compartían el gusto por el deporte y el aire libre. Andrea era notaria y trabajaba en el despacho que su padre tenía en asociación con un tío y dos primos. Gonzalo y Andrea siempre se habían llevado bien. Resultaba claro que mientras mantuvieran sus vidas organizadas, objetivos claros y ninguno invadiera el territorio del otro, las cosas funcionarían bien. Es decir, en la medida en que Gonzalo conservara sus refugios (luego vimos que Andrea tenía los propios, pero no describiré lo que compete a Andrea) la relación amorosa los mantenía felices.

Volvimos a revisar el valor que Gonzalo tenía puesto en la estabilidad y en el equilibrio que le aportaba el ejercicio físico. Andrea quiso tener hijos y decidieron irse a vivir juntos. Después de tres años de intentar un embarazo, hicieron consultas médicas por infertilidad. En el segundo intento de reproducción asistida, concibieron a los mellizos. Gonzalo recordaba el embarazo como el período más feliz de su vida. Más allá de la alegría y la espera de sus primeros hijos, fue un embarazo estrictamente controlado desde el punto de vista médico. Es decir, perfecto para los personajes de ambos. Tenían monitoreado, examinado, medido y anotado cada detalle.

Si hubiésemos podido mirar con un zoom las historias de vida, era previsible lo que iba a suceder en un futuro inmediato. El embarazo podía llegar a controlarse... pero la presencia de los dos bebés iba a traer, obligatoriamente, caos, descontrol, sorpresas, cansancio, desorganización y deseos de escapar. Es muy fácil «hacer futurología» en algunas **biografías humanas**. Claro que los bebés iban a desestabilizar toda la estructura (falsa) que tanto Gonzalo como su esposa habían construido con esmero. No podía suceder otra cosa. Se lo dijimos, y Gonzalo se agarraba la cabeza con las manos diciendo «¿Por qué nadie me lo dijo antes?». Nos reímos un rato. Es verdad, nadie lo dice, pero a ellos tampoco se les había ocurrido que tener hijos era algo más que controlar el desarrollo de un embarazo.

La cesárea fue complicada, la epidural no le hizo efecto y tuvieron que anestesiarla por completo. El primer varón, por motivos que nunca sabremos, pasó una semana internado en neonatología. El que nació segundo pasó solo dos días fuera del alcance de su madre. El regreso a casa fue caótico, con dos niños que lloraban y que aún no habían aprendido a mamar. En fin, todo el relato fue similar a los miles de relatos que hemos escuchado de mujeres puérperas que inician la maternidad, ignorantes y desconectadas de sí mismas. La madre de Andrea era una señora deprimida que se había instalado en casa de ellos, en principio para ayudar, pero su presencia resultó ser desestabilizadora porque solo se quejaba por lo inexperta que era Andrea como madre. Gonzalo trataba de poner orden, preparar biberones, anotar los horarios y, sobre todo, salir a correr cuando sentía que se estaba volviendo loco.

No vale la pena describir aquí las escenas habituales de las parejas con bebés en casa, sobre todo cuando se trata de gemelos. Pero era preciso observar que había cambiado el escenario. Andrea y Gonzalo necesitaban comprender que el destino les enviaba una oportunidad para salir de sus refugios, pero para ello tenían que entender que eran **refugios de supervivencia infantil**, en lugar de continuar creyendo que ellos habían elegido vivir así.

Gonzalo no estaba de acuerdo con su behacheadora en este punto. No pretendíamos convencerlo de nada. Solo nos dedicamos a revisar cada pelea y cada reproche que se hacían mutuamente, y era evidente que cada uno acusaba al otro de ser el causante de la pérdida de equilibrio y orden que antes los había mantenido aliados. Por supuesto que criar bebés siempre es un lío, pero la pérdida de orden en una casa donde ambos individuos están **refugiados en el máximo control** fue desesperante. Conversamos mucho sobre la posibilidad que tenía Gonzalo de apoyar a su mujer para que ella pudiera aflojar, dejarse fluir y fusionar con sus hijos pequeños.

Finalmente, se nos ocurrió decirle que sospechábamos que Federico, anulado e idiotizado por años de medicación e ingresos, podría ser una ayuda efectiva no solo para Andrea, sino especialmente para vincularse con los niños. Gonzalo abrió los ojos de par en par. No lo podía creer. Nos confesó que Federico adoraba a sus sobrinos, pero que sobre todo ambos niños tenían una conexión particular con él. Con Federico no lloraban. Con Federico se quedaban quietos. Pero lo más asombroso era que, cuando Federico terminaba la visita y se iba, era difícil consolarlos. Sin embargo, los médicos habían alertado a la familia asegurando que Federico no era consciente de sus reacciones y que no había que dejarlo solo con los niños, y por eso Andrea tenía miedo cuando acudía de visita. Le preguntamos a Gonzalo si él también tenía miedo. No. Federico jamás lo había lastimado a él y sabía que era imposible que lastimara a sus hijos, aunque jamás pensó en contradecir las indicaciones médicas. Nos preguntó por qué habíamos pensado en Federico. Le respondimos que Federico había sido un niño tan **conectado con sus propias emociones** que jamás se había podido **adaptar** a la **crueldad de la madre**. Prefirió enfrentarse y luchar en concordancia con sus percepciones. Hasta que lo ataron, lo amordazaron y lo encarcelaron. Sin embargo, tenía a flor de piel su extrema sensibilidad, por eso sentía a los niños. Estaba en la misma frecuencia que ellos. En cambio, Andrea ya no los sentía, porque, como Gonzalo, estaba refugiada en un búnker para salvarse del desamparo vivido durante su propia infancia. Federico no había huido, sino que había permanecido disponible y abierto, por eso lo castigaron hasta dejarlo fuera de juego. Sus dos sobrinos eran un puente sensible y sutil para volver a encontrarse con ese paraíso perdido de ternura y compasión. Si Gonzalo comprendía esta evidencia, tanto él como su mujer podrían aprovechar a Federico para que les tendiera un hilo de conexión con esos dos niños y así constituirse en una madre amorosa y un padre contenedor. Gonzalo lloraba, literalmente, de emoción.

Los encuentros continuaron. Seguimos observando sus escenarios, sus opciones, sus refugios, su madurez, su deseo de amar. Luego su mujer también empezó un proceso con nosotros, pero esa fue otra biografía humana.

La soledad de la montaña como refugio

LA MONTAÑA COMO REFUGIO DEL CAOS

Paco se comunicó desde Lleida. Tenía cuarenta y cinco años, estaba casado y tenía dos hijos, un varón de doce años y una niña de nueve. Era instructor de esquí en invierno y alternaba con otros pequeños trabajos relacionados con el turismo de aventura. Su mujer era lectora de mis libros. Él no había leído ninguno, pero le entusiasmaba lo poco que su esposa le había contado, sobre todo los conceptos relativos a la violencia invisible, y quiso probar.

Paco era un hombre muy corpulento, calvo y con barba. Tenía un físico imponente, pero la mirada de un niño asustado. Después de una breve conversación, iniciamos el trabajo de **biografía humana** a través de Skype.

La humillación

Su madre había nacido en un pueblo cerca de Lleida, era hija de un panadero. Su padre había llegado de pequeño con su familia desde Almería. Se conocieron jóvenes, se casaron y tuvieron tres hijos varones. Paco era el menor, con diez años de diferencia de los mayores, que nacieron seguidos. Los pocos recuerdos de infancia los tenía en la panadería donde su madre y sus tíos trabajaban. Recordaba algunos olores y a la abuela gritando. Sí recordaba que lloraba mucho. ¿Por qué? Aparentemente, su madre no le cortaba el pelo porque había querido una niña y la gente, efectivamente, lo confundía. Quisimos saber si esto había acontecido una sola vez o si era una constante. Paco creía que esto había durado toda la infancia, pero no estaba seguro. Hablamos un rato sobre la **humillación** y la **violencia** ejercidas sobre el niño que había sido, cosa que aceptó de inmediato. Nunca nadie lo había expresado de esta manera, pero era exactamente así, era humillante.

Esto nos permitió seguir el hilo de algunas otras conductas violentas de su madre: le gritaba, le pegaba, le tiraba del pelo (que era largo), lo despreciaba, lo descalificaba. Para abordar escenas concretas le preguntamos cuál había sido el peor recuerdo que conservaba de su madre, y con seguridad respondió que la vez que su madre había ido a buscar un martillo y le empezó a martillar los dedos. Nos quedamos impactados. Se lo dijimos. Entonces Paco nos confesó que no recordaba que le doliera, al contrario, se recordaba «como una roca». Nos dio mucha impresión que un niño fuera capaz de anestesiar los golpes de un martillo. Conversamos un rato largo sobre los orígenes de la crueldad y sobre las necesidades de los niños de obtener amparo y cuidados amorosos.

No pudimos saber qué hacía su padre, pues trabajaba todo el día y no estaba en casa. Sus hermanos eran ya muchachos adolescentes cuando él todavía era un niño, casi no tenía recuerdos de ellos salvo algunas veces que se burlaban de él.

Luego ordenamos algunos recuerdos de sus doce o trece años. Su madre era «malísima». ¿Qué significaba que era malísima? Paco recordaba en especial a la madre ridiculizándolo, disfrazándolo con vestidos y trenzas y luego pegándole en el baño sin que nadie los viera y diciéndole que era un niño malo. No podíamos imaginar estas escenas sin que hubiera testigos presentes, pero Paco no recordaba a nadie. ¿Por qué te decía que eras malo? Paco balbuceó y finalmente contó una sola anécdota que según él fue un antes y un después en su vida. No recordaba qué era lo que había hecho, pero su madre se había enfadado. Le dijo que recogiera algo de ropa, que lo iba a llevar a otro lugar donde se haría un hombre. Paco metió unas camisas y un pantalón en su pequeña mochila, la madre lo montó en el coche y lo llevó por una carretera hasta las afueras del pueblo. Llegaron a un campo. Lo apeó del vehículo y le dijo que tenía que aprender a arreglarse solo para saber lo dura que era la vida y a valorar el esfuerzo que ella hacía para educarlo. Y se fue. Paco se hizo pis del miedo. No recordaba cuánto tiempo se quedó allí. No lo podíamos creer. Paco empezó a sollozar cubriéndose el rostro con sus enormes manos. En esos momentos, los once mil kilómetros de distancia geográfica entre Argentina y España nos impedían abrazarlo. Esperamos un rato. Una vez calmado, intentamos discernir qué era lo que pasaba realmente entonces. La figura de su padre estaba muy desdibujada, el abuelo y la abuela se hallaban presentes, pero Paco no lograba describirlos, eran personas trabajadoras. Y había algo más que era desestabilizador: cuando la madre estaba con su familia (con sus propios padres y hermanos) era alegre, divertida y conversadora. Es decir, Paco no tenía con quien compartir algunas escenas terroríficas que vivía en profunda soledad.

Todo el relato era tan desgarrador que le propusimos observar la **imagen del caos**. Le sirvió. Siendo adulto había pensado muchas veces que su madre estaba loca, pero no lo había compartido con nadie porque suponía que lo iban a considerar exagerado o mentiroso.

El aislamiento reparador

Durante los siguientes encuentros, aparecieron nuevos recuerdos a los que dimos lugar para terminar de drenar y organizar ese escenario tan desequilibrante para la psique de un niño. Paco recordaba sentir vergüenza cuando su madre hacía bromas con referencia a algo sexual que Paco no comprendía del todo, pero que la hacía reír a ella y a veces a los que le rodeaban. También tenía mucho miedo por las noches, pero no recordaba qué hacía para soportarlo.

Conversamos en varias ocasiones ofreciendo palabras a los sentimientos de soledad y desarraigo para un niño tan pequeño. Pusimos esa realidad en un contexto objetivo intentando imaginar qué es lo que Paco hubiera podido resolver más adelante a medida que fue creciendo, proviniendo de esa abrumadora realidad. Por el momento, nuestra hipótesis era el **desorden psíquico**. Luego veríamos si había encontrado algún refugio fiable o no.

Supimos que la madre había tenido varios intentos de suicidio y que los hermanos mayores aparecieron para hacerse cargo. Hasta que falleció de cáncer cuando Paco tenía veintitrés años.

Durante algunos encuentros fuimos trabajando con la sensación interna de Paco de vivir siempre en medio de un **caos emocional**. Designarlo así le aportaba claridad y alivio. ¿Había ido en busca de algún refugio? Sí, le encantaba la montaña. Apenas tuvo edad suficiente, participó en expediciones a los Pirineos, tanto en verano como en invierno. Y cuando adquirió experiencia, empezó a escalar en total soledad. Había estado algunas veces durante dos meses de verano acampando solo en algún lugar aislado de las montañas. Vislumbramos que el **aislamiento** se iba a convertir en su mejor búnker.

Hicimos algunos trazos gruesos de su juventud. Era parco, de pocos amigos. Pocos pero buenos. Había tenido escasas experiencias con mujeres. Lo suyo era la naturaleza, la nieve, **el silencio de la montaña y la soledad**. Nunca le agradó emborracharse como a muchos jóvenes de su edad, no le interesaban ni el cine ni la música, sino el aire puro de las alturas.

Luego nos dijo que empezó a sentirse bien cuando desarrolló un físico fuerte, logrando tener confianza en sí mismo. No le creímos del todo porque el escenario de origen no ofrecía muchas posibilidades para sentirse resguardado, aun con el cuerpo más grande del mundo, pero era verdad que ya tenía condiciones para sobreponerse a humillaciones y miedos del pasado. Eso sí. La montaña lo respetaba y él respetaba a la montaña. Tenían un pacto sagrado. Le gustaba pensarlo de esa manera.

Conversando sobre su soledad y sus refugios, nos comentó que cuando la madre falleció, él llegó a pesar ciento veinte kilos. La comida también se había convertido en un escondite seguro. El sobrepeso agregó motivos para su **aislamiento** hasta que a los veintinueve años conoció a Maite, con quien inició, tardíamente, su vida sexual.

Toda su vida afectiva había sido acotada. Cuando nacieron los niños, Paco se dedicó a ganar el dinero que hiciera falta para poder retirarse a la montaña todas las veces que fuera posible. Le preguntamos en qué lo podíamos ayudar, ya que estábamos comprendiendo juntos el sentido profundo que para él tenían el silencio y la soledad, garantizándole un orden que no había recibido siendo niño. A pesar de todo lo vivido, llevaba una vida saludable, tenía un matrimonio estable y dos hijos en pleno crecimiento. Paco lo pensó un rato y dijo que le gustaba tener estos momentos de reflexión sobre su vida, mirando de frente todo lo que le había sucedido, pero sobre todo observando cómo se aislaba dejando fuera a su mujer y a sus hijos, a quienes adoraba y quienes con frecuencia le pedían mayor proximidad. Por lo tanto, estos encuentros continuaron.

LAS DIFERENTES ETAPAS DE LA BIOGRAFÍA HUMANA

Las **biografías humanas** tienen **dos etapas**. La primera es la organización del escenario de infancia, la detección del personaje y la observación sobre cómo ese personaje opera en la actualidad. Con algunos pacientes lo podemos establecer en cuatro o cinco encuentros, con otros nos puede llevar diez sesiones. Luego hay una segunda etapa en la que los pacientes quieren ir más allá, relacionar cada nueva percepción con escenas del presente, revisar una y otra vez la distancia entre sus creencias y su interioridad. Cotejar con los seres queridos lo que les pasa. Vincularse con más apertura y generosidad. Compartir preocupaciones en el marco de una mirada global. Esta segunda etapa puede extenderse en el tiempo si behacheador y paciente consideran que cada encuentro es enriquecedor para todos. Ese fue el caso de Paco, quien aprovechó cada entrevista para ir más allá en la comprensión de sí mismo, derrochando amor y entendimiento sobre su familia.

La fantasía como refugio

LA FANTASÍA COMO REFUGIO DEL CAOS

Adriana vivía en Guadalajara, México, era maquilladora y también se dedicaba al shiatsu. Tenía cincuenta y tres años y no había tenido hijos. Tampoco estaba en pareja. Nos llamó la atención su apariencia aniñada como si fuera una muchacha de treinta años, hasta el punto que le preguntamos varias veces su edad porque creíamos haber entendido mal.

Aunque tenía la tez oscura, llevaba un cabello largo, lacio y teñido de rubio plantino. Las entrevistas se realizaron vía Skype. Nos consultó porque estaba deprimida y quería comprender por qué solía tener relaciones de pareja conflictivas. Le notamos unas cuantas contradicciones en los primeros intercambios, por eso le preguntamos si estaba tomando alguna medicación. Sí, tomaba antidepresivos «en dosis bajas» y pastillas para dormir. Le explicamos, como solemos hacer, que consideramos que la medicación corta el contacto con el yo y que eso imposibilita, en muchos casos, construir la **biografía humana**. Lo podíamos intentar, pero queríamos ser totalmente honestos.

La distancia entre el discurso y la realidad

Comenzamos buscando escenarios concretos de su infancia. Sus padres provenían ambos de familias numerosas. Su madre había nacido en una zona rural en el norte de Jalisco y había emigrado siendo joven a la ciudad. Ella y el padre se conocieron y tuvieron dos hijos. Adriana tenía un hermano ocho años mayor que ella.

Su madre había sido alcohólica desde que Adriana tiene uso de razón. Tomaba ansiolíticos y había sido ingresada muchas veces. Claro que todo lo relativo a las enfermedades, las depresiones y las hospitalizaciones de su madre, Adriana lo comprendió mucho más tarde. Todos sus recuerdos giraban en torno a los gritos y discusiones entre sus padres. También recordaba que la madre iba cambiando de personalidad a lo largo del día hasta que al atardecer los gritos ya eran insoportables. La casa estaba sucia y desordenada aunque su madre era obsesiva con su cuidado personal: llevaba uñas perfectamente arregladas y esmaltadas, el pelo siempre peinado de peluquería y zapatos lustrados. Solo ella estaba impecable.

Nos detuvimos aquí. Le explicamos a Adriana que, además del alcoholismo y las depresiones de su madre, había algo que **no encajaba**. No sabíamos si sus relatos correspondían a recuerdos propios o estaban modificados por el paso del tiempo, pero la supuesta diferencia entre la limpieza personal y la suciedad del hogar era rara. Quisimos buscar más escenas verdaderas y abordar a la niña que ella había sido. Aparentemente, iba a la escuela por las mañanas y a la tarde se quedaba jugando sola en casa. Luego contó algunas historias extrañas sobre cómo se burlaba de su madre, pero lo descartamos porque no eran creíbles, al menos eso no pudo haber ocurrido durante su niñez.

Decía que su padre la había estimulado intelectualmente, pero nosotros lo poníamos en duda. No nos interesaba lo que nos decía Adriana, sino que buscábamos hechos concretos para poder verificar qué había acontecido.

Recordaba terrores por las noches, pero aparentemente era imposible despertar a su madre, porque dormía «como si estuviese muerta». Tampoco recordaba haber acudido a su padre ni a su hermano. Hablamos un rato sobre la función del miedo cuando los niños sabemos que no estamos protegidos, y recibió estas palabras tan admirada como si hubiera caído un ángel en la Tierra. Nos pareció exagerado. Le propusimos, para ayudar a ordenar los datos que teníamos, mirar la imagen dibujada del **caos**, suponiendo que era probable que hubiera una desorganización psíquica importante en la madre y que eso complicara su infancia.

Durante los siguientes encuentros, su nivel de impacto frente a explicaciones simples nos seguía pareciendo exagerado. «¡Esto es tremendo!», exclamaba después de cualquier mínima intervención de la behacheadora. En principio, permitimos que drenaran recuerdos que confirmaban nuestra hipótesis: la casa sucia invadida por insectos, los platos usados apilándose durante días sobre los que volvían a comer y las pocas veces en las que a su madre le agarraba la prisa para dejarlo todo limpio.

Los recuerdos de su adolescencia eran algo más nítidos, posiblemente porque empezaron los enfrentamientos entre Adriana y su madre. Por ejemplo, a veces la madre cocinaba usando alimentos en mal estado y luego todos enfermaban. Entonces Adriana culpaba a la madre y esta aumentaba su violencia; una vez le tiró la plancha caliente por la cabeza. Habitualmente, Adriana se encerraba en su cuarto hasta que llegara el padre, pero cuando esto sucedía su madre ya estaba dormida por su embriaguez.

Hablamos un rato largo sobre el dolor de esta madre y el dolor de esta niña y que el escenario era catastrófico. Adriana contactó con esas experiencias y confesó que le daba pena y rabia que su madre estuviera siempre llorando por sus desgracias en un estado tan desastroso. Le propusimos investigar si entre tanto caos iba a encontrar algún refugio y cuál podría haber sido. Apenas terminó el colegio, empezó a trabajar como empleada en diferentes comercios. Más tarde estudió peluquería, manicura y maquillaje. Entre los veinte y los treinta años se fue a vivir a Ciudad de México con una pareja, pero fue muy poco lo que pudimos sacar en limpio de esa relación. Ambos fumaban mucho y se evadían juntos en sus ensoñaciones. Con Salvador convivió durante algunos períodos aunque cada tanto regresaba a casa de su madre en Guadalajara. Adriana había adoptado dos perros de la calle que contribuían al desorden y la suciedad de la casa y eran motivo de peleas constantes entre ellos. Pasó diez años yendo y viniendo entre la casa de Salvador y la de su madre, aunque el desorden era el mismo. Llegar a estas conclusiones nos llevó varios encuentros, ya que Adriana se perdía en sus propios relatos confundiendo lo importante con lo superfluo. Ella misma era un caos. No tomaba ninguna responsabilidad con respecto a nada y creíamos entender que Salvador tampoco contaba con ninguna estabilidad emocional, económica ni afectiva; por lo tanto, el escenario seguía siendo el mismo.

Adriana nos preguntó cuál era su personaje. No teníamos ni idea. Aún estábamos tratando de ordenar la información y buscando un refugio, si es que había alguno. Por ahora teníamos todo desordenado, externa e internamente. Entonces Adriana respondió que sí, que ella era desordenada, incluso había perdido algunos trabajos porque organizaba mal las horas de sus clientas, llegaba tarde a sus citas o se quedaba dormida. Por el momento, veíamos caos, caos y más caos. Se sintió totalmente identificada.

Alrededor de los treinta y cinco años, regresó a Guadalajara, en circunstancias que no logramos definir, y se emparejó con Luis, con quien continuó una vida desordenada. Compraban con tarjeta de crédito sin tener fondos. Se olvidaban de pagar las facturas y les cortaban a menudo la luz y el gas. Funcionaban con intermitencias y dificultades hasta para resolver temas básicos de la vida cotidiana. Adriana consumía sin registro de sus recursos económicos: ropa, perfumes, zapatos, maquillajes, pretendiendo llevar una vida que claramente no coincidía con su realidad.

Cambiaba de trabajo con frecuencia aunque había tenido buenos empleos, incluso en un canal de televisión que le hubiera asegurado continuidad y crecimiento. Pero Adriana no lograba mantener estabilidad en ningún área de su vida. Según lo que contaba, que no era del todo fiable, cuando cerca de sus cuarenta y cinco años se separó de Luis, empezó a deprimirse y a tomar medicación. Hicimos muchas preguntas, pero la confusión entre los diversos episodios nos llamaba la atención. No logramos saber cómo o por qué se había separado de Luis y por otra parte no era un vínculo tan estable que la hubiera llevado a una depresión. Le explicamos que cuando un individuo está tan desconectado de su yo es poco probable que se deprima, justamente porque no conecta con sus estados de tristeza ni con sus deseos inalcanzables ni con sus pérdidas. Se lo dijimos tal cual con palabras sencillas hasta que admitió que era verdad, ni siquiera recordaba muy bien ese período, pero había consultado con profesionales que la habían medicado. Muy bien, entonces tal vez tomó medicación, pero eso no confirmaba ninguna depresión. Seguíamos en el mar de las confusiones y de cierta superficialidad que nos impedían profundizar en el trabajo.

SUPERFICIALIDAD HECHIZANTE

Compartimos con Adriana que nos resultaba frustrante no hacer pie en ninguna lógica. Ella parecía estar acomodada en un **caos** que le resultaba familiar y que no le traía grandes desventajas. Entonces nos respondió que estaba preocupada porque la tenían que operar para extirparle unos nódulos. Hasta aquel momento no nos enteramos de que ya la habían operado dos veces de la mama derecha y ahora le habían detectado nódulos malignos en la mama izquierda. Nunca lo había mencionado con anterioridad. Los enredos con respecto a sus prioridades eran parte de este escenario desconcertante.

Le planteamos que hasta ese momento creíamos que su búnker era la **fantasía** que se construía en torno a todo lo que le acontecía. Sus relatos solían ser superfluos, se relacionaba laboralmente con personajes de la farándula artística y evadirse de la realidad parecía ser su mejor sistema de supervivencia, al punto de no contactar siquiera con síntomas físicos que le estaban dando señales desde hacía tiempo de que algo no andaba bien en su interior.

Se quedó en silencio por primera vez asintiendo con la cabeza. Le mostramos una **imagen de una burbuja de fantasía volando por encima del caos reinante**. Se tapó la cara diciendo: «¡Qué horror!», agregando: «Es así, es así». Al menos, habíamos encontrado un punto de anclaje desde donde continuar con esta indagación. A medida que Adriana la observaba, más sentido le encontraba. También se daba cuenta de que ella reproducía el caos en su vida, por lo tanto, le propusimos observar qué era lo que ella iba a generar involuntariamente en los demás.

Contemplamos, siempre desde la burbuja volando por encima del caos, el emparejamiento con Horacio, de quien se había separado recientemente. Era un hombre de sesenta y dos años con hijos y nietos, que había quedado fascinado con Adriana. La relación duró dos años. Al principio, Adriana aprovechó el hechizo de este hombre que la trataba como una princesa, pero a medida que transcurrió el tiempo sus caprichos y sus pretensiones fuera de toda lógica desgastaron el vínculo. Adriana no toleraba que él se ocupara de sus hijos, sobre todo de la menor, que era aún muy joven, y estos desacuerdos los llevaban a peleas fuera de control. Revisamos lo poco que estaba interesada en este hombre, seguramente había sucedido lo mismo en el seno de vínculos anteriores, desde su **burbuja de fantasía**. Formulamos preguntas concretas con respecto a Horacio y ella misma se daba cuenta de que casi no podía responder a ninguna pregunta referida a la vida de él, sus preocupaciones, sus intereses o sus problemas. Era impactante.

Horacio tenía una sólida situación económica que a Adriana le permitía perderse aún más en su descontrol, confundiendo gastos excesivos con sentirse amada. Revisamos cada uno de los malentendidos entre ambos y lo que cada uno esperaba del otro. Ahora resultaba evidente que Adriana estaba enfrascada en su personaje infantil (aclaro que todos los personajes son infantiles porque reflejan el mecanismo automático que hemos usado durante la niñez para sobrevivir al desamparo materno) pretendiendo funcionar como una princesita antojadiza, sin responsabilidades ni obligaciones y estallando de furia cuando no obtenía lo que ella imaginaba que merecía recibir. Conversamos mucho sobre esta dinámica observando que, sin importar cuánta ropa podía comprarse con el dinero de Horacio, no iba a compensar la falta de amor materno que aún esperaba obtener.

Poco a poco, y por fuera de nuestros pronósticos, Adriana fue involucrándose en este proceso. Ya no estaba tan exaltada ni se reía a carcajadas durante los encuentros vía Skype, sino que por el contrario la veíamos algo más seria y concentrada. Cada tanto aparecían más recuerdos devastadores de su infancia, que no transcribiré aquí, pero desde el prisma de la **burbuja de fantasía** la comprendíamos cada vez más, asombrados por la inteligencia de la psiquis y los mecanismos que los seres humanos usamos para sobrevivir al horror. Adriana había incluso modificado su tono de voz, hablando más pausadamente y con una profundidad que no habíamos vislumbrado al inicio.

Nada para ofrecer

Con la **biografía humana** encaminada, le propusimos examinar los períodos en los que, de verdad, había recurrido a la medicación porque sabíamos que habían sido más frecuentes que el registro que ella tenía. Efectivamente, «rebobinamos» como si fuera una película y analizamos cada uno de los momentos de desborde, caprichos, peticiones desesperadas de amor materno y uso de medicación para disminuir el sufrimiento.

Entonces pudimos analizar diferentes momentos de su vida en los cuales los ataques de pánico habían sido moneda corriente, que tapaba de inmediato con ansiolíticos; otros momentos en los que no podía levantarse de la cama por la angustia que sentía, y otros períodos de peleas absurdamente violentas con diferentes parejas. En todos los casos aparecía su desorden interno y su nula capacidad para ofrecer algo al otro, ya fuera una pareja, un amigo o una tarea que se le encomendaba. Enfrascada en su necesidad infantil de ser compensada, veíamos cómo había vivido tantos años encerrada en sus fantasías sin registro de nada que sucediera alrededor. Sus mayores avances tuvieron que ver con darse cuenta del daño que, sin querer, provocaba en los demás.

Este modo de ir mirando con una lente ampliada su pasado, su presente y su futuro, por momentos le daba vértigo, ya que, según sus palabras, estaba «entre la espada y la pared». Ya no podía hacerse la ingenua, tenía que decidir si iba a continuar protegida por su fantasía de niña caprichosa o si asumiría alguna responsabilidad sobre sí misma y su entorno. La continuación de esta indagación fue posible porque, además de su desorden, Adriana también derramaba frescura y jovialidad, y eso iba facilitando la evocación de asuntos dolorosos. Teníamos un largo camino por recorrer.

Pensar la sociedad
desde las perspectivas individuales

Podría seguir transcribiendo decenas de **biografías humanas**, pero no quiero abrumar a mis lectores. Nuestra vida es única; sin embargo, compartimos los mismos **desamparos infantiles** en diferentes formatos. En este libro, me he dedicado a subrayar aquellas historias de vida en las que la **locura**, la **tergiversación de la realidad** y los **diagnósticos de enfermedades mentales** están más presentes que en otras. Entre quienes estamos leyendo este libro, a algunos nos resultará aburrido y a otros, exagerado. Sin embargo, muchos de nosotros encontraremos coincidencias que nos permitirán comprender finalmente el desorden emocional de nuestras madres. Si nuestra historia es parecida a los casos relatados, ¿qué hacemos? Por el momento, nada en particular. Estamos tratando de investigar, con la mayor honestidad intelectual posible, las dinámicas emocionales en las cuales nos movemos para comprender qué nos pasa y por qué hacemos lo que hacemos.

Sin embargo, personalmente, me importa poco lo que cada individuo en particular haga o deje de hacer con su propia vida. Con una salvedad, porque la sumatoria de muchos individuos adultos que atravesamos nuestra vida puliendo al máximo nuestros personajes con el único fin de recibir amor termina convirtiéndonos en los depredadores de nuestra sociedad y, por lo tanto, de toda la civilización. Eso sí me importa, y mucho.

¿Por qué somos depredadores? Porque no somos capaces de **amar al otro**, porque aún estamos **esperando ser amados por nuestra madre** o por quien la reemplace.

Quiero dejar claro que los niños, siempre y en toda circunstancia, somos merecedores de amor. Los niños, por el solo hecho de ser niños, necesitamos amor en formato de cuidados, fusión emocional, protección, amparo, alimento, disponibilidad corporal y compañía. En cambio, los adultos, siempre y en toda circunstancia, estamos hechos para amar al otro.

¿Dónde está el problema? En que **no hemos sido amados cuando éramos niños**. Ahí reside la semilla de todo el sufrimiento posterior. Luego crecemos, pero seguimos instalados en la necesidad infantil de ser amados. No importa qué edad alcancemos, usaremos nuestros recursos una y otra vez para pretender recibir amor bajo algún sistema desplazado. Esa es la función de los personajes que he descrito.

El personaje explota, enloquece, consume, grita, pega, trabaja, acumula poder, se esconde o escapa... siempre intentando recibir amor. Pero eso no lo conseguirá. ¿Por qué? Porque los otros adultos con quienes nos relacionamos están en las mismas condiciones que nosotros: reclamando que los amemos incondicionalmente, porque además, aunque recibamos atención o cuidados de nuestros amigos, parejas o comunidades enteras, nunca será suficiente porque sentiremos el vacío existencial **anhelando que sea nuestra madre quien finalmente nos quiera**.

Resulta que si somos miles y miles los individuos adultos haciendo algo, lo que nuestros personajes nos permiten, para recibir amor... y si casi no hay adultos maduros dispuestos a prodigarlo, no salen las cuentas. No hay suficiente amor circulando; por lo tanto, no habrá solidaridad ni prioridad para el bien común, tampoco generosidad ni entendimiento.

¿Cómo pretendemos recibir amor? Utilizando los mismos mecanismos infantiles que hemos usado, sin resultados, cuando efectivamente fuimos niños. Y por raro que parezca, aunque no conseguimos buenos resultados, nos aferramos cada vez más a las modalidades conocidas con una terquedad asombrosa.

Viéndolo así, ¿dónde quedan nuestros hijos, si es que los tenemos? ¿Qué lugar ocupan quienes son niños hoy? Es evidente que no hay lugar para ellos si todavía estamos tratando de sobrevivir, en términos emocionales, a nuestra propia y desgarradora infancia.

Y todavía sucede algo más. He descrito que, en calidad de criaturas de mamífero humano, apenas nacemos sentimos un apego natural y espontáneo al cuerpo y al universo emocional de nuestra madre, pues vivimos dentro de la **fusión emocional**, de forma que nos consideramos un solo ser. Pero si nuestra madre rechaza su propio impulso de apego hacia nosotros para no sufrir por sus dolores del pasado, los niños quedamos **expulsados de su territorio emocional** y eso se constituye en un verdadero desastre. Solos, abandonados, rechazados y desamparados, buscaremos resarcirnos apegándonos a lo que sea que encontremos.

Es fácil darnos cuenta de que en nuestra civilización, basada en la conquista y en la competencia, es decir, en el miedo a perder lo que sea que hayamos obtenido, solemos apegarnos a los bienes materiales. Todos queremos ganar más dinero, tener más casas, más ahorros o más seguridad material. Eso no está ni bien ni mal. Además, observemos que hay un apego imperceptible y aún más difícil de abandonar que es el apego a las ideas. En especial, el apego a las posesiones intelectuales, a la erudición, a los cargos sociales reconocidos, al orgullo, a los diplomas, al prestigio, a la aprobación de los demás, a las propias opiniones y a las creencias. La necesidad imperiosa de defender nuestras ideas, las que sean, es una confirmación más del miedo, ese miedo infantil que nos devora. Ese apego desplazado que corrobora el miedo que tenemos de volver a quedarnos solos se refuerza en la medida en que enmarcamos las supuestas ideas en territorios cerrados que luego serán nuestros lugares de pertenencia (los clubes, los partidos políticos, las asociaciones profesionales).

Advirtamos que raramente pensamos con libertad. Lo que hacemos es defender ideas que cierran las compuertas de nuestros búnkeres. Funciona bajo el mismo sistema de defensa que en cualquier fortaleza medieval: con cañones. ¿Alguna vez hemos escuchado una sesión completa de una asamblea legislativa de un país inmaduro? **Cada uno defiende lo suyo**. Nadie pregunta los motivos por los cuales un colega exige algo, ni cómo llega a un pensamiento determinado, ni intenta comprender el trasfondo de una propuesta para elevar el pensamiento y llegar a un entendimiento enriquecedor. En verdad, cada uno justifica lo propio y luego se vota y gana la mayoría.

La minoría a lo sumo tiene algún berrinche, no exagero, acusando a quienes detentan el poder de ser responsables de todos los males. Pero ni unos ni otros somos capaces de propiciar acercamientos para comprender el punto de vista del otro, el origen de esas ideas y las consecuencias que se van a implementar.

Este juego de sordos, presente en las dirigencias de los países inmaduros y entre los dirigentes y la población, es **reflejo de nuestros mecanismos individuales**. Establecemos la misma distancia y la misma incomprensión que venimos arrastrando desde nuestra infancia. Seguimos observando la realidad social a través del ojo de la cerradura, solo considerando el aquí y ahora en lugar de contemplar la totalidad. Así como en la vida individual es preciso recorrer como mínimo la vida de una persona, sin perder de vista toda la historia familiar y la distancia entre los relatos engañados y la verdad, del mismo modo en la vida colectiva tendríamos que ser capaces de profundizar la mirada, entender los acontecimientos dentro de una línea histórica, pero sobre todo advirtiendo **la distancia que hay entre los discursos engañados colectivos y la verdad**. Si no somos capaces de cuestionar los relatos distorsionados, los discursos mentirosos y las manipulaciones, tanto de los dirigentes como de la prensa, seguiremos funcionando cual niños con nuestros personajes a cuestas, defendiendo a lo sumo nuestro pequeño confort personal tanto como lo defienden para sí mismos quienes han llegado a algún ámbito de poder.

Insisto en que los grandes desacuerdos sociales, la violencia, el sometimiento de los más fuertes sobre los más débiles y, en particular, la manipulación, son posibles porque en nuestra vida individual hemos consolidado nuestros mecanismos infantiles. Queremos ser amados. Queremos ser reconocidos. Queremos obtener seguridad. Queremos que nos cuenten un cuento con un buen final para dormirnos en paz.

Si ninguno de nosotros está dispuesto a revisar, con dolor, la realidad de la que proviene para comprenderla y luego **desapegarnos de la necesidad infantil de ser amados**, entendiendo que ya somos adultos y no precisamos el amor materno, porque eso ya no sucedió y no sucederá, sino que ahora podemos decidir **amar al otro**, no habrá cambio posible. Precisamos devenir responsables por nuestras acciones. Buscar en nuestro interior los mejores recursos para ofrecerlos al prójimo. Poner nuestro entusiasmo y nuestra alegría al servicio de los demás, y de ese modo dejar de lado las nimiedades materiales haciendo honor a la **espiritualidad que hay en cada uno de nosotros** y que espera ser desplegada.

Entiendo que nos da pereza revisar tramas completas cuando apenas queremos tener una opinión sobre un tema cualquiera. Resulta que el mundo está al revés. Pretendemos generar pensamientos empezando por el final en lugar de ordenar desde el principio.

Muchos estudiosos e investigadores de la conducta humana observan lo que hay en el aquí y ahora, sin reconocer la **distancia entre lo aparente y lo verdadero**. Entre **lo que se dice y lo que es**. Entre nuestras creencias y el despliegue de nuestro ser esencial. Es común en nuestra civilización que abordemos las problemáticas del ser humano tomando como punto de partida al adulto; por eso, luego llegamos a conclusiones superficiales e intrascendentes.

Insisto en que tenemos que regresar, una y otra vez, al punto de partida aunque todo origen sea a su vez un recorte de la realidad. El **nacimiento** de un individuo es un principio interesante para observar, en concordancia con su despliegue posterior, por eso creo que seguir el hilo cronológico y el desarrollo de cada experiencia unida a todos y cada uno de los acontecimientos nos permitirá profundizar el entendimiento. Al inicio consideraremos la realidad de un individuo, luego la sumatoria de muchos hasta llegar a una observación lo más amplia posible para acercarnos a la verdad de una instancia mayor.

Los mecanismos que vamos perfeccionando para sobrevivir son los que tenemos que detectar para luego trascenderlos, en caso contrario nos quedamos fijados en las imposibilidades infantiles. Yo creo que pensar la **biografía humana** de cada individuo nos permitirá, en el futuro pensar nuestra **civilización** en su conjunto, ya que las heridas son las mismas y las reacciones infantiles, también.

Los automatismos a tener en cuenta, en la vida individual y en la vida colectiva, son variados, pero algunos mecanismos están presentes en la mayoría de los casos. Si partimos del hecho, que forma parte de la lógica del patriarcado, de que **nuestra madre nos ha expulsado** del territorio de sustancia materna, es obvio que luego nuestra prioridad será la pertenencia. Cuando anhelamos pertenecer a un territorio cualquiera, estaremos prisioneros del miedo a volver a quedar excluidos y pagaremos el precio que sea necesario para ser aceptados como parte de ese lugar. Los lugares pueden ser concretos, como clubes, grupos de amigos, socios de una comunidad, colegios de profesionales o escuelas; o abstractos, como una ideología o una suma de creencias morales o religiosas. La pertenencia usa todos nuestros recursos y no nos queda resto para vivir una vida espiritual, es decir, libre de mandatos.

Los seres humanos nos pasamos la vida perdiendo el tiempo en nimiedades en lugar de nutrir la espiritualidad y el amor al prójimo. Esos son los estragos del desamor durante nuestra infancia. Para colmo, nuestras ideas no serán verdaderas porque están sostenidas por el miedo, en lugar de surgir espontáneamente gracias al contacto con el yo. Discutimos por naderías y nos enredamos en engaños. La única verdad es que fuimos **expulsados del territorio amoroso de nuestra madre** y desde entonces estamos clamando por algún rincón de pertenencia emocional.

Otra verdad devastadora para la psique de un niño es la **distancia entre el discurso engañado materno y la realidad**, porque nos arroja a un universo sin reglas claras, confuso e inabordable. Nuestra mejor reacción será distorsionar a su vez nuestra propia percepción de esa realidad para sobrevivir a un entorno hostil. La creación de novedosos y más sofisticados discursos engañados no hará otra cosa que traer confusión incluso entre los pensadores de la conducta humana. Quiero decir exactamente eso: entre los intelectuales y pensadores de todo el mundo también circulan engaños transgeneracionales e ignorancias superlativas.

Respecto de las problemáticas que he abordado en el presente libro, estaremos de acuerdo en que hay pocos acontecimientos en la vida más desequilibrantes que sobrevivir a un escenario de caos emocional. Una de las consecuencias por haber crecido en estos escenarios es que no confiaremos en nuestros propios criterios, por lo tanto, estaremos sometidos a las decisiones del otro. Lo peor es que ese pensamiento, creencia, ideología, sistema moral o psicológico, médico o religioso no lo pasaremos por nuestro propio tamiz porque lo consideraremos inapropiado. Además, no contaremos con referentes internos para decidir si algo que el entorno nos propone, nos encaja en nuestra justa medida. Creo que esta es la base del sometimiento de los pueblos con respecto a ciertos dirigentes del arco ideológico o político que sea: la falta de criterio propio que fue desactivada desde el inicio de nuestra vida por el **corte fusional de nuestra madre**, que a su vez desaprobó e inhabilitó cualquier sentimiento, percepción o vivencia pura que hayamos manifestado.

Así es que muchos individuos, desconectados de nosotros mismos, buscaremos órdenes internos falsos: los búnkeres. Luego, creyendo que solo contamos con ese único ámbito de seguridad, nos dedicaremos a defenderlo con uñas y dientes. Lo que no sabemos es que todo esto lo hemos montado sobre un cúmulo de falsedades. Es falso que precisemos un búnker y es falso que haya algo para defender. En esta férrea defensa de ideas engañosas, agotamos los mejores recursos emocionales y espirituales. Es preciso que contemplemos estas dinámicas tanto en la vida particular como en las colectividades.

La energía, el tiempo, las preocupaciones y la fuerza que malgastamos en defendernos del miedo por **no haber sido amparados cuando éramos niños, son el verdadero desastre ecológico de nuestra civilización**. En tiempos de internet, podemos acceder a todo tipo de ofertas, por lo tanto creo que es el momento de revisar por qué, a pesar de tantas y tan buenas propuestas espirituales, las personas aún estamos encadenadas a nuestras imposibilidades. Estoy segura de que no basta con la voluntad. Precisamos alcanzar un estado de conciencia y esa conciencia la obtendremos si, en primer lugar, logramos **mirar con los ojos bien abiertos lo que hay**: la realidad completa sin dejar tramos enteros fuera de nuestro campo de visión.

La **biografía humana** tiene un propósito mayor: que cada individuo pueda conectar con su propia esencia, esa que estaba a la vista en el momento mismo de nacer, pero que nadie pudo percibir, alentar ni acompañar para su máximo despliegue y que quedó enmascarada bajo nuestro personaje. Si pudiéramos darnos cuenta de que, antes que nada, debemos conocernos y comprendernos, luego nos sentiríamos responsables de las decisiones que tomamos, las que fueran. Quiero creer que, si reconocemos nuestra inmadurez, que es fruto de no haber vivido la infancia cuando correspondía, es decir, cuando éramos niños, podremos convertirnos en adultos maduros. **Maduro es quien no está apegado a nada, quien no tiene miedo, quien sabe que lo único que hay en esta vida es amor para dar**. Amor al prójimo.

¿Y qué hacer con los niños? ¿Cómo criarlos mejor? Entiendo que el inconsciente colectivo me ha ubicado en un supuesto saber con respecto a la crianza de los niños; sin embargo, insisto en que **inaugurar las búsquedas pensando en nuestros hijos es comenzar por el fin de la trama**. Antes de pensar en qué hacer con los niños hoy, tenemos que saber obligatoriamente qué nos ha sucedido cuando **nosotros éramos niños**. Luego tendremos que tomar decisiones personales sobre qué hacer con eso que nos ha acontecido. En caso contrario, permanecemos en la inmadurez y, cargados de sentimientos y miedos infantiles, pretenderemos hacernos cargo de nuestros hijos o, peor aún, fantasearemos con que alguien nos aporte un método eficaz para que nuestros hijos sean felices. Todo esto es otro gran relato engañado. **Los niños solo precisan madres y padres que estemos en un estado de interrogación profunda y permanente**. Adultos sin miedo reconociendo que ya nada malo nos puede suceder. Adultos dispuestos a asumir nuestra realidad emocional, por lo tanto, abiertos y permeables para conectar con la belleza que cada niño trae consigo.

Lo digo una vez más: nuestros hijos pequeños solo necesitan madres y padres en permanente búsqueda espiritual. Para que los caminos espirituales no sean meros refugios, sino caminos para sincerarse, tendremos que revisar una y otra vez nuestra realidad. Nuestra realidad contempla todo aquello que nos aconteció aunque no lo recordemos. Solo así seremos capaces de **aceptar a nuestros hijos** tal como son, con sus recursos, sus particularidades, su sensibilidad, sus percepciones y sus ángeles. Si maduramos comprendiendo que ya **no importa si alguien nos ama**, sino que pondremos nuestros recursos al servicio **del amor al otro** y sobre todo del **amor incondicional al niño**, todos se van a beneficiar. Serán esos **niños amados** quienes erigirán la sociedad del futuro: una comunidad basada en el entendimiento, el diálogo, la empatía, la compasión y el servicio. Serán esos **niños amados** quienes crearán una civilización amorosa, esa que todos anhelamos.

Guía para leer mis libros

Para quienes se nos ha despertado la curiosidad al terminar de leer *Qué nos sucedió cuando éramos niños y qué hicimos con ello* y queremos saber más, sugiero: *La biografía humana, El poder del discurso materno* y *Amor o dominación, los estragos del patriarcado* (en este orden). Estos libros están recomendados para hombres y mujeres de cualquier edad, color, orientación moral, religiosa, sexual y con cualquier tipo de inquietudes o problemáticas.

Para las madres de niños pequeños, sugiero: *La maternidad y el encuentro con la propia sombra* y *Puerperios y otras exploraciones del alma femenina*.

Para los padres de niños pequeños, sugiero lo mismo que he sugerido antes para las madres. Para todos los individuos que hayamos padecido trastornos de alimentación o bien que alguno de nuestros hijos padezca bulimia, anorexia, atracones o algún desorden alimentario, sugiero: *La revolución de las madres*. Lo sugiero enfáticamente.

Para problemas de lactancia y para preocupaciones con respecto a qué darles de comer a los niños, sugiero también *La revolución de las madres*.

Para quienes estallamos de furia o vivimos en permanente conflicto o estamos en medio de guerras emocionales, divorcios controvertidos o guerras interfamiliares, sugiero: *Adicciones y violencias invisibles.*

Para aquellos a quienes no nos gusta leer y buscamos algo corto y conciso, sugiero: *Mujeres visibles, madres invisibles.*

Para aquellos a quienes no nos gusta leer, pero además queremos pasarlo bien eligiendo libros con imágenes, sugiero *La familia ilustrada.* Sorprendentemente a los niños LES ENCANTA mirar los dibujos de este libro, que es una pequeña joya.

Para aquellos a quienes no nos gusta leer ni un poquito y más de una frase nos aburre, sugiero: *Conversaciones con Laura Gutman.*

Para quienes estamos preocupados por el devenir del mundo, sugiero releer: *Amor o dominación, los estragos del patriarcado.*

Para quienes preferimos ver y escuchar en lugar de leer, sugiero los vídeos disponibles en www.lauragutman.com.ar.

Para quienes somos obsesivos y queremos acompañar el despliegue de un pensamiento, sugiero leer mis libros en el orden conceptual con el que han sido escritos, es decir: *La maternidad y el encuentro con la propia sombra, Puerperios y otras exploraciones del alma femenina, Adicciones y violencias invisibles, La revolución de las madres, Mujeres visibles, madres invisibles, La familia ilustrada, El poder del discurso materno, Amor o dominación, los estragos del patriarcado, Conversaciones con Laura Gutman, La biografía humana* y *La civilización lastimada.*

El papel utilizado para la impresión de este libro
ha sido fabricado a partir de madera
procedente de bosques y plantaciones
gestionados con los más altos estándares ambientales,
garantizando una explotación de los recursos
sostenible con el medio ambiente
y beneficiosa para las personas.
Por este motivo, Greenpeace acredita que
este libro cumple los requisitos ambientales y sociales
necesarios para ser considerado
un libro «amigo de los bosques».
El proyecto «Libros amigos de los bosques» promueve
la conservación y el uso sostenible de los bosques,
en especial de los Bosques Primarios,
los últimos bosques vírgenes del planeta.

Papel certificado por el Forest Stewardship Council®